하나님이 찾으시는 한 사람

_____님께 드립니다.

하나님이 찾으시는 한 사람 그대입니까?

하나님이 찾으시는
# 한 사람
그대입니까?

임은미 지음

교회성장연구소

## 추천사

임은미 선교사는 하나님 앞에 담대한 믿음을 지니고 있습니다. 임 선교사의 순전한 믿음과 순종하는 삶을 통해 우리 곁에 계시는 하나님을 만날 수 있을 것입니다.

― 조용기 목사(여의도순복음교회 원로 목사)

"하나님의 뜻이 있는 곳이면 그곳이 가장 안전한 곳입니다."라고 고백했던 임은미 선교사는 그녀의 삶에서 앞서 일하시는 하나님의 놀라운 비전을 소개하며, 우리가 순종할 때 그 비전이 이루어진다는 사실을 이 책을 통해 말하고 있습니다.

― 김병삼 목사(만나교회 담임 목사)

임은미 선교사가 살아온 삶을 보면 하나님의 멋진 시나리오요, 작품이라는 생각이 듭니다. 그녀의 진솔한 하나님과의 교제와 고백, 그리고 영적 스페셜리스트의 파워는 감동을 넘어 차라리 경이롭기까지 합니다.

– **맹명관 집사**(『스타벅스 100호점의 숨겨진 비밀』의 저자)

임은미 선교사는 나에게 하나님의 음성을 듣고 행할 수 있도록 '삶의 적용'이 강한 큐티를 가르쳐 준 선교사이자, 나의 영적 스승이기도 합니다. 하나님이 그녀에게 인도하신 책인 만큼 많은 분들이 이 책을 통해 은혜 받기를 소망합니다.

– **김광석 장로**(참존 화장품 회장)

저에게 항상 영적인 감동을 주는 선교사입니다. 임은미 선교사의 큐티를 읽으면서 하나님의 음성을 따라 사는 사람과 그 한 사람을 통한 놀라운 하나님의 역사를 볼 수 있었습니다. 하나님의 섬세한 음성을 따라 사는 임 선교사의 삶, 그 자체로 많은 은혜와 감동을 느낄 수 있을 것입니다.

– **송정미 교수**(찬양 사역자)

프롤로그

# '나'를 찾아 주신 '하나님' 이야기

이 책의 첫 장을 읽어 줄 그대에게 궁금한 것이 하나 있다. 그대에게 하나님은 어떠한 분인가? '하나님'이라는 단어를 들으면 어떤 생각이 먼저 마음에 떠오르는가?

어떤 사람은 전지전능하고 위대한 신으로서의 이미지를 가지고 있을 수도 있다. 또 우리가 순종하면 한없이 좋으시지만, 불순종할 때는 매우 무섭기 때문에 두려운 분이라고 생각할 수도 있다. 아니면 자신이 원하는 것에 대해 기도하면 들어주시는 램프의 요정이라고 여기는 사람도 있을 것이다.

나에게 하나님은 매우(매우 매우 매우라고 무한대 반복하고 싶지만 지면이 짧아 줄인다) 사랑이 넘치시는 것은 물론이고 인간의 코미디로는 흉내 낼 수도 없는 유머 감각을 지니신 분이다. 나는 그런 주님이 정말 좋다.

'최고, 진짜, 매우, 진심으로' 등의 온갖 수식어를 갖다 붙여도 모자랄 정도로 좋다. 나는 주님을 사랑한다고 말하는 것이 즐겁고 그런 주님을 전하는 일이 즐겁다. 주님에 대한 이야기를 할 때면 나는 늘 흥분되고 마음에 기쁨이 차오른다. 사랑하는 사람이 있어 본 모든 사람들과 공통된 고백이라고 생각한다.

많은 사람들이 아프리카 케냐의 여자 선교사라고 하면 조금은 안쓰러운 눈빛으로 쳐다본다. 어떤 권사님은 내 손을 붙잡고 울기도 하셨다. 여자의 몸으로 타국 땅에서 고생한다고. 혹 어떤 분은 너무(?) 밝고 쾌활한 내 모습을 보면서 날라리 선교사가 아닐까 오해하기도 한다. '저 사람이 진짜 선교사의 일을 제대로 하고 있는 거 맞나?'라고 생각하는 것이다. 정말 선교 사역을 제대로 하고 있다면 어느 정도 피곤해 보이거나 얼굴에 고뇌의 주름이 가득하거나 옷차림 등에도 신경 쓰지 않은, 매우 투박한 모습을 하고 있어야 한다고 생각하나 보다.

그래서 나와 대화를 나누거나 내 설교를 들은 많은 성도들은 기존에 갖고 있던 선교사의 틀을 깬다고 말하곤 한다. 내가 청년들 집회에 가서 농담반, 진담반으로 하는 이야기가 있다. "여러분, 예뻐도 선교사 할 수 있으니 걱정하지 말아요!"라는 것이다. 그러면 자매들은 자지러지듯 웃는다. 나는 하나님의 일을 하는 것이 즐겁고 행복한 일이라고 전하고 싶다. 나는 선교사로 사는 것이 행복하다. 주님과 매 시간을 함께하며 그분과 교제하는 것이 내게는 매우 큰 기쁨이고 자랑이다.

이러한 삶이 선교사이기 때문에 가능한 것이라고 생각하지는 않는다. 어느 누구라도 주님과 가까이 하고자 하면 그분은 우리의 가장 가까운 곳에 계신 것을 쉽게 발견할 수 있을 것이다. 하나님과의 친밀한 교제가 우리들의 삶에 어떠한 무게의 짐과 어려움이 있다 하더라도 그 일을 감당해 낼 수 있는 '감사의 능력'을 배우게 한다.

이 책은 아프리카 케냐 선교사로서의 사역들을 담아 낸 책이 아니다. 하나님과 내가 나눈 재미나고 즐거운 이야기들을 담았다. 하나님이 내 삶에 어떻게 역사하셨는지에 대해, 또 나를 어떻게 인도하시고 쓰고 계시는지에 대한 이야기이다. 내 곁에 매우 친밀한 하나님과 나 사이에 주고받은 이야기들을 나누는 것이라고 하고 싶다.

또 한 가지 하나님이 기뻐하시는 성숙한 그리스도인이 되기 위한 인간적인 노력들에 대해서도 서술하고 있다. 나의 영성 훈련, 아이들의 양육, 멘티들의 양육 등이 바로 그것이다. 이 부분을 통해 자기 자신의 영성 훈련과 자녀 양육, 소그룹 양육 등에 적용해 볼 수 있을 것이라 생각한다.

이 책을 집필하던 시기는 교회 사역과 코스타 일정 등이 겹쳐 매우 바쁜 시기였다. 처음 쓰는 책이기에 부담감도 적잖이 느껴졌다.

그때 성령님이 내게 이런 마음을 주셨다.

"은미야, 이 책은 내가 쓰는 것이다. 너는 그냥 손만 빌려주면 된다."

그런데 실제로 그랬다. 나는 이 책을 매일 네 시간 정도씩 시간을 들여 2주 안에 다 쓸 수 있었다.

지금까지의 삶을 돌아보면 내가 하나님께 순종할 때 하나님은 일하셨다. 내 힘이 아니라 그분의 능력으로 이뤄 가셨다. 주님께서는 가끔 나에게 이런 말씀을 하신다.

"네가 무엇을 할 수 있는가를 생각하지 마라. 그런 것은 유혹이란다. 유혹은 물리쳐야 한단다. 그러나 내가 너를 통하여 무엇을 할 수 있는가는 계속 생각하여라. 그것은 능력이기 때문이다. 능력은 키워야 하는 것이다!"

책을 출판하기로 결정하고 난 다음에 서점에 들렀을 때는 "와! 이렇게 많은 책들이 서점에 나와 있는데 내가 또 한 권의 책을 쓸 이유가 있을까?" 하는 생각도 하게 되었다. 그때 주님이 나에게 말씀하셨다.

"은미야! 나는 '한 사람'을 찾고 있단다. 그 '한 사람'을 위하여 책을 끝까지 쓰도록 해라!"

이 책을 읽을 사람 '그대'가 바로 그 '한 사람'일 수도 있을 것이다. 나는 '그대'를 위하여 이 책을 끝까지 썼다. 순종했으니 주님이 순종의 열매를 가져가실 것을 믿는다.

케냐에서 임은미 선교사

프롤로그　　　　　　　　　　　　　　　　　　06

## Part 1  한 사람을 위한 부르심

| | | |
|---|---|---|
| 01 | 어느 아프리카 청년과의 만남 | 15 |
| 02 | 하나님의 뛰어난 유머 감각 | 21 |
| 03 | 이민생활의 시작과 다시 만난 하나님 | 30 |
| 04 | 나를 위해 기도하는 사람들 | 37 |
| 05 | 하나님이 허락하신 배우자와의 만남 | 46 |
| TIP | 최고의 날 묵상 | 55 |

## Part 2  하나님의 마음을 알게 하는 깨뜨리심

| | | |
|---|---|---|
| 01 | 선교지에서 가장 먼저 배운 언어 | 67 |
| 02 | '사역'보다 내 '삶'을 원하신 하나님 | 74 |
| 03 | 돈이 없어도 꿀 수 있는 꿈 | 83 |
| 04 | "유니스~!" 나를 찾는 사람들 | 93 |
| 05 | 잃어버린 노트북과 되찾은 아버지의 마음 | 100 |
| TIP | 최고의 날 묵상 | 110 |

## Part 3 하나님이 허락하신 우리들 최고의 만남

| 01 | 너와 나 최고의 만남 | 123 |
| 02 | 신데렐라, 계모, 그리고 나 | 135 |
| 03 | 하나님이 허락하신 아홉 명의 자녀들 | 144 |
| 04 | 선한 일을 향한 도움의 손길 | 152 |
| 05 | 함께 성장하는 멘티들과의 만남 | 160 |
| TIP | 최고의 날 묵상 | 166 |

## Part 4 빛 된 그리스도인의 삶을 위한 경건 훈련

| 01 | 하나님이 키워 주시는 작은 선교사 | 177 |
| 02 | 아홉 아이들을 키우는 비법 아닌 '비법' | 187 |
| 03 | 청출어람을 이뤄 내는 멘티 양육법 | 200 |
| 04 | 성숙한 그리스도인이 되기 위한 자기훈련법 | 216 |
| 05 | '십삼조'로 훈련하는 정직한 청지기의 삶 | 224 |
| TIP | 최고의 날 묵상 | 233 |

## Part 5 우리가 순종하면 이루시는 하나님의 꿈

| 01 | 수첩에 기록한 첫 번째 꿈 | 241 |
| 02 | 섬세한 하나님의 예비하심 | 246 |
| 03 | 내 꿈이 아닌 하나님의 꿈꾸기 | 254 |
| 04 | 모든 것이 가능하다 | 261 |
| 05 | 하나님이 찾으시는 '한 사람' | 269 |
| TIP | 최고의 날 묵상 | 276 |

Part 1

# 한 사람을 위한 부르심

나는 토니를 만난 다음 한 사람의 소중함을 알게 되었다. 그리고 하나님이 만나게 해주시는
모든 '만남'에는 우연이 없다는 것과, 그러한 만남들을 소중히 여기는 것이 삶의 지혜라는 것을 알게 되었다.

Eunice, why do you think that God has sent you
down all the way America to Africa?

Chapter 01

# 어느 아프리카 청년과의 만남

　내 이름은 임은미이다. 고등학교 3학년 때 미국으로 이민을 가서 신학대학교에서 목회학을 전공했다. 1988년, 함께 신학을 공부하던 미국 남학생 윌리엄 뉴콤(Willam Newcomb)과 결혼했다. 그래서 내 미국 이름은 남편 성을 따라 유니스 뉴콤(Eunice Newcomb)이다.

　1994년 2월, 나는 여의도순복음교회 선교사로 동부 아프리카 케냐에 파송되었다. 케냐에서 처음 사역을 맡은 곳은 닥터조 아프리카 미션센터(Dr. Cho's Africa Mission Center)였다. 그곳은 케냐의 현지 목회자들에게 ICI(International Correspondence

Institute) 교재로 신학대학교 과정을 가르치던 곳이었다.

개학하기 전 어느 날 신학교 교정을 둘러보다가 우연히 학교 경비원인 한 청년과 마주쳤다. 그 청년은 손에 책을 들고 있었다. 그 청년에게 다가가 말을 걸었다. 나는 한국에서 파송된 선교사라고 말하면서 "예수님을 믿나요?"라고 물어보았다. 그 청년은 예수님을 믿는다는 건지 안 믿는다는 건지 불분명하게 답했다.

그에게 책 읽기를 좋아하느냐고 물었더니 그렇다고 했다. 내게 책이 많이 있으니 빌려가서 읽으라고 했다. 단, 내게는 예수님에 관한 책이 대부분인데 괜찮겠냐고 물었다. 그는 괜찮다며 그렇게 하고 싶다고 했다. 그날 이후로 그는 내 사무실에 와서 책을 빌려 읽기 시작했다.

그러던 어느 날 책을 빌려가던 그 청년은 워치만 니의 『정상적인 그리스도인의 삶』이라는 책을 읽은 후 나에게 물었다.

"사람의 원죄가 무엇인가요?"

나는 원죄에 대한 대답과 함께 우리가 예수 그리스도를 '우리의 죄를 속해 주신 구세주'로 영접해야 하는 이유를 설명해 주었다. 그날 그 청년은 예수님을 자신의 구세주로 영접하게 되었고, 그 후에도 계속해서 내 사무실에 들러 책을 빌려 읽곤 했다.

그날도 여느 때처럼 책 한 권을 빌려가면서 내게 물었다.

"*Eunice, why do you think that God has sent you from all the way America to Africa?*(유니스, 왜 하나님이 머나먼 미국 땅에서 이 아프리카 땅으로 당신을 보내셨다고 생각합니까?)"

나는 바로 대답했다.

"내가 이 땅에 온 이유는 많은 아프리카의 목회자들에게 신학을 가르쳐서 이분들이 이 땅의 그리스도인들에게 하나님을 잘 가르치는 사람이 되도록 하기 위해서이지요!"

그때 목회자들을 가르치는 사역을 하고 있었기에 자연스럽게 그렇게 대답했다. 내 대답에 그 청년은 나를 빤히 바라보면서 이렇게 말했다.

"*I don't think so!*(나는 그렇게 생각하지 않습니다!)"

그래서 내가 되물었다.

"*What do you think?*(그러면 당신은 어떻게 생각하는데요?)"

"*I think God has sent you from all the way America to Africa just for me!*(내가 생각하기에는 하나님이 당신을 머나먼 미국 땅에서 아프리카 땅으로 보내신 것은 '나'를 위한 것이라고 생각합니다.)"

"*Just for you?*(당신만을 위해서 내가 왔다고요?)"

"*Yes, just for me!*(네 맞습니다! 온전히 나를 위해서 말이죠.)"

그렇게 말을 하고 내 사무실을 나간 청년의 마지막 대답이 계속해서 내 머릿속에 맴돌았다.

"*Just for me*!(나를 위함이라!)"

"*Just for me*!(나를 위함이라!)"

처음에는 그야말로 요즘 표현으로 '썰렁'한 마음이었다. 나는 당연히 내가 아프리카에 온 이유가 '한 사람'을 위한 것은 아니라고 생각했기 때문이다. 많은 사람들을 위해 내가 이 땅에 왔다고 생각했다. 그런데 나더러 단 한 사람을 위해 이 땅에 왔다고? 이럴 수는 없는 것 아닌가. 내가 왜 겨우 한 사람을 위해 이곳까지 왔어? 나는 여러 사람을 위해 왔다고!

그러한 마음의 갈등 뒤 '그래, 그 청년의 말이 맞을지도 모르겠다. 이 땅에 하나님이 나를 보내신 이유는 많은 사람을 위한 것이 아니고 딱 한 사람, 바로 저 청년을 전도하게 하기 위해 하나님이 나를 이곳에 보낼 수도 있겠구나.'라는 생각이 들었다. 그 이유는 한 영혼을 천하보다 귀하게 여기시는 하나님이시기 때문이다.

이 세상에 나 한 사람만 존재한다고 해도 하나님은 내 모든 죄를 사하시려고 예수님을 이 땅에 보내셔서 십자가에 달려 돌아가시는 죽음을 당하게 하셨을 거다. 그만큼 하나님은 '한 사람'을 소중히 여기신다.

이 청년의 이름은 토니(Tony)인데, 그는 나중에 신학교에 가게 되었다. 나를 만나기 전에는 미혼이었는데, 나중에 결혼을 해서 낳은 첫딸의 이름을 내 이름과 같은 '유니스'라고 지었다. 내가 이 땅을 떠나도 자기를 예수님께로 인도해 준 나를 잊지 않기 위해서 딸 이름을 내 이름과 똑같이 지었다고 한다.

나는 토니를 만난 다음 '한 사람'의 소중함을 알게 되었다. 그리고 하나님이 만나게 해주시는 모든 '만남'에는 우연이 없다는 것과, 그러한 만남들을 소중히 여기는 것이 '삶의 지혜'라는 것을 알게 되었다.

이 세상의 많은 사람들 가운데 어떻게 내 부모님이 내 부모님이 되었을까, 어떻게 내 남편이 내 남편이 되었을까, 어떻게 내가 매일 가는 단골 야채가게 아저씨는 그 아저씨인 것일까, 어떻게 내 친구들이 내 친구들이 되었을까? 어느 것 하나도 소중하지 않은 만남이 없다는 것을 깨달았다.

또한 사람들을 만날 때 '만남의 목적'이 있어야 한다. 내가 만나는 사람이 예수님을 모르는 사람이라면, 그 사람은 나를 만남으로써 적어도 한 번은 예수 그리스도가 누구인지 전해 들어야 하는 것이다.

또 만약 내가 만난 사람이 이미 예수님을 믿는 사람이라면, 하나님이 허락하신 그 만남의 목적은 '믿음의 진보'를 위함이라고 생각한다. 만남을 통해 서로가 하나님을 더 가까이 알아가고 믿음을 성장시킬 수 있다면 우리의 만남을 계획하신 그분의 뜻을 이루는 것이다.

나는 나를 만난 사람은 그 누구라도 나와의 만남을 통해 하나님을 더 많이 사랑하고 더 신실하게 섬기기를 소망한다. 나와의 만남이 하나님과의 만남에 윤활유 역할을 감당하길 바라는 것이다.

이것이 한 사람, 한 사람과의 만남을 허락하신 하나님의 '만남의 목적'이다.

Chapter 02
# 하나님의 뛰어난 유머 감각

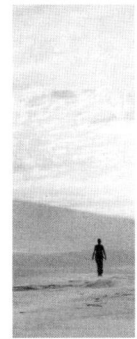

　　　　　　　간호학을 전공하던 대학 1학년 때의 일이다. 그 당시 나는 내가 다니던 담임 목사님의 큰딸인 언니와 자주 어울렸다. 어느 날은 언니가 부흥회에 간다기에 나도 동행하기로 했다. 평소에도 언니와 함께 다니기를 좋아했기에 그날도 별 생각 없이 따라갔는데, 내 일생일대의 사건이 그렇게 시작되었다.

　목사가 된 이유가 설교 시간에 졸지 않기 위해서라고 말할 정도로 설교 시간에 자주 졸았던 나는 그날도 어김없이 졸고 있었다. 그런데 비몽사몽한 내 옆에 앉아 있던 언니가 갑자기 자리에서 일어났다. 나는 설교가 끝나서 언니가 집에 가려는 줄 알고 언니를 따라 자리에서 일어났다. 언니와 함께 차를 타고 왔기 때문에 그곳에서 언니를 잃어버리면 안 된다고 생각했다. 그런데 언니가 걸어간 곳은 교회 출입문이 아니라 목사님이 설교하고 계시는 강대상 앞이었다.

'어? 언니가 왜 강대상 앞으로 가지?'라고 생각하는 순간, 많은 젊은이들이 강대상 앞으로 나와 무릎을 꿇고 있는 것을 깨달았다. 알고 보니, 그 시간은 선교사로 헌신하기를 서원하는 사람들이 앞으로 나오는 것이었다. 나와 동행한 언니 역시 선교사가 되겠다고 서원하기 위해 강대상 앞으로 걸어갔던 것이다.

'어! 나는 아닌데! 나는 선교사가 뭔지도 모르는데!'

'나는 설교 내용도 제대로 못 들었는데!'

잠이 번쩍 깨면서 이건 아니라는 생각이 들었다. 다시 내 자리로 돌아가려고 보니 나를 바라보는 많은 어르신들의 눈길이 느껴졌다. 나를 바라보는 그분들의 눈길은 마치 이렇게 말씀하시는 것 같았다.

'젊은 청년이 참 기특하기도 하지. 저 젊은 나이에 선교사로 서원을 하다니……'

나를 자랑스럽게 보시는 그 눈길들……. 차마 내 자리로 돌아갈 수는 없었다. 그런 것을 '분위기 파악'이라고 할 것이다.

하는 수 없이 나도 언니 옆에서 무릎을 꿇었다. 그러고는 오른손을 높이 들고 "주여 저를 보내소서!"라는 선교사의 서원 기도를 했다.

많은 사람들이 내가 어떻게 선교사가 되었는지 궁금해할 때마다 나는 이 이야기를 해준다. 사람들은 뭔가 더 거창하고 진지한 이야기를 기대했을 것이다. 그래서 이 이야기에 모두들 까무러치게 웃는다. 정말 유머 감각이 뛰어나신 나의 하나님이시다. 하나님의 유머 감각은 여기서 그치지 않는다.

그 후 나는 신학대학으로 편입을 하게 되었지만, 그때까지도 내가 선교사가 될 거라고는 생각하지 못했다. 나중에 전도사가 되어서도 그때 나의 서원기도가 이렇게 응답된 것이라고 여겼다.

내가 신학대학을 졸업하고 처음 전임 교육전도사가 된 교회는 미국 버지니아 주에 있는 워싱턴 순복음제일교회였다.

그때 교회 가족수양회 강사로 아프리카 케냐에서 사역하시는 정운교 선교사님이 오셨다. 그분은 가족수양회 인도를 마칠 때쯤 남편과 나에게 아프리카 케냐에 선교사로 오는 것이 어떻겠냐는 제의를 하셨다. 그 제안에 나는 그냥 예의로 "예, 기도해 보지요!"라고 대답을 했다. 선교사에 대해 별 생각이 없었기에 그때도 그렇게 무심히 지나쳤다.

이듬해에 정운교 선교사님은 또 우리 교회의 가족수양회 강사로 오셨고 나에게 아프리카에 오기로 결정했냐고 물어보셨다.

나는 화들짝 놀라서 되물었다.

"아프리카요? 아니요! 제가 언제 아프리카에 간다고 했었나요?"

선교사님은 기도해 보겠다고 하지 않았냐고 말하셨다.

'어! 그 말은 그냥 인사말이었는데······.'

목사님은 내 생각을 눈치 채셨는지 이번에는 꼭 기도를 해보라고 하셨다. 목사님이 떠나기 전까지 3일이 남았으니 그동안 기도해 보고 내 뜻을 알려 달라고 하셨다.

'3일 내에 결정을? 아프리카에 선교사로 가는 것을? 어쩌지? 우리는 안 갈 건데! 아프리카에 아무런 비전도 없는데 이런 제의를 받다니, 어쩐담?'

내 마음속은 이런 생각들로 가득 차 있었다. 그렇게 3일이 지나고, 선교사님은 떠나기 전날 우리 부부에게 저녁 식사를 함께 하자고 하셨다.

식사를 하러 나가기 전에 남편에게 말했다.

"당신은 미국 사람이고 나는 한국 사람이잖아요. 한국에서는 어른이 제의해 온 것을 거절하는 것은 예의가 아니에요. 그러니 미국 사람인 당신이 우리는 아프리카에 안 간다고, 거기에 아무런 소망도 비전도 가져 본 적이 없다고 말하면 좋겠어요."

남편도 아프리카를 향한 소명을 가져본 적이 없다며 내 말에 동의했다. 그래서 우린 안 가기로 말을 맞춰놓고 정 선교사님을 뵈러 나갔다.

저녁 식사를 마치고 선교사님을 호텔로 모셔다 드리는데, 선교사님이 우리 부부에게 차 안이지만 함께 기도하자고 제안하셨다.

먼저 기도를 시작하신 선교사님은 내 남편인 빌 전도사가 기도하기를 원한다며 기도를 마치셨다. 남편이 기도할 차례가 되었다.

그런데 기도를 시작한 남편이 이렇게 기도하는 것이 아닌가!

"하나님! 하나님의 뜻이라면 우리가 아프리카에 가겠습니다!"

나는 내 귀를 의심했다.

'하나님의 뜻이면 우리가 어디를 간다고? 아니 이 양반이 지금 무슨 기도를 이렇게 해?'

기도하는 사람을 툭툭 칠 수도 없고, 다른 사람 앞에서 바가지를 긁을 수도 없고 나 혼자 속만 태웠다.

'집에만 가 봐라. 무슨 기도를 그렇게 했냐고 따져야지. 아까 나올 때 서로 말을 맞추고 나왔는데 지금 기도를 이렇게 하다니,

이건 말이 안 되지!'

기도를 마친 남편에게 정 선교사님은 내일 아침 케냐로 떠나니 그전에 확실한 답을 달라고 하셨다. 그렇게 우리는 헤어졌고 나는 집에 도착하기가 무섭게 어떻게 남자가 변덕스럽게 집을 나서기 전에 했던 말과 다른 말을 할 수 있느냐고 따졌다. 남편이 말했다.

"남자가 변덕스러운 것은 좋지 않지. 그러나 하나님을 믿는 사람이 성령님의 음성에 순종하지 않는 것은 더더욱 좋지 않은 일이잖아. 기도하는 순간에 성령님이 내 기도를 그렇게 인도하시는데 내가 어떻게 하겠어? 순종하는 수밖에 없지 않겠어?"

남편의 말을 들으니 나도 딱히 할 말이 없었다. 지금 당장 급한 것은 내일 아침까지 정 선교사님께 확실한 답을 드려야 한다는 것이었다. 우리 부부는 고민했다.

'우리가 아프리카에 가는 것이 정말 주님의 뜻인지 아닌지 어떻게 빨리 알아볼 방법이 없을까?'

고민 끝에 성경을 무작위로 펴보기로 했다. 그래서 성경을 펴서 예수님이 부자 청년에게, 있는 것을 모두 팔고 주님을 따르라는 이야기가 나오면 하나님의 뜻인 줄 알고 그냥 가자고 했다.

남편도 동의했다. 뭐 빨리빨리 하나님의 뜻을 알아야 하니까! 우리가 이런 방법으로 '하나님의 뜻'을 가리는 방법은 다른 사람들에게 권장하는 방법이 아님에도 불구하고, 그 당시 우리로서는 다급한 마음으로 그 방법을 선택했다.

성경책을 폈는데 그 내용이 아니었다. 내심 얼마나 반가웠는지 모른다.

'그래, 우리는 안 가도 되는 거다. 우리가 아프리카 선교사는 무슨······.'

그런데 남편이 한 번 더 해보자고 했다. 그래서 우리 부부는 '삼세판'이라고 하여 세 번까지 성경을 펴봤다. 그러고는 세 번째 그 성경 구절이 나왔다.

사실 15년 전의 일이라 기억이 뚜렷하지는 않다. 나는 나왔다고 믿는데 남편은 그때도 안 나왔다고 말한다. 어찌됐든 그때 우리 부부의 결정은 아프리카로 가는 것이었다. 그렇다고 곧바로 내가 선교를 마음에 품고 기쁨으로 그 일을 감당코자 했던 것은 아니다.

당시 우리는 막 새로운 아파트로 이사를 했고 아파트는 정말 예쁘고 마음에 드는 곳이었다. 집 안의 가구도 모두 새것으로 장만했을 때였다. 그런데 이 모든 것을 다 두고 가야 한다니 마음 한편에서 갈등이 일어났다. 이제야 좀 기반을 잡고 둘이서 오순도순 편하게 살 때가 된 것 같은데, 왜 우리가 아프리카로 가야 하는지 납득이 잘 되지 않았다. 그것도 가지고 있는 것 다 팔고 말이다. 하긴 팔아야 할 것이 다른 사람들에 비하면 그렇게 많지 않았으므로 우리가 아프리카로 가는 것이 다른 사람들에 비하면 그렇게 힘든 결정이 아닐 수도 있었겠다.

일단 모든 것을 팔고 아프리카에 가기로 결정한 뒤, 둘이서 아파트 앞을 산책하러 나갔다. 그런데 그때 하나님이 우리 부부에게 신선한 은혜를 주셨다.

갑자기 세상의 모든 물질적인 것들이 허무하게 느껴졌던 것이다.

'와, 이게 다 뭐야! 이런 것들이 정말 필요한가?'

우리가 살고 있던 곳에는 고층 아파트가 많았는데 그 모든 건물들이 허무하게 느껴졌다. 그냥 아무런 미련이 없어졌다. 세상 그 어느 것에도 아무런 미련이 느껴지지 않았다. 세상의 부귀영화, 이런 것을 초월이라도 한 사람들처럼 갑자기 모든 것이 가볍고 경쾌하게 느껴졌다.

결국 다 두고 가는 것에 대해 조그마한 미련도 없는 서로를 확인하게 되었다. 그 다음날 우리는 정운교 선교사님께 아프리카로 가겠다고 말씀드렸고, 선교지를 향한 계획들을 세워 나가기 시작했다.

선교사로 파송받기 위해서는 여의도순복음교회에 가서 인터뷰를 해야 했다. 인터뷰를 하셨던 분은 당시 여의도순복음교회의 담임 목사였던 조용기 목사님이셨다. 조 목사님은 나에게 이렇게 물어보셨다.

"자매님, 아프리카는 위험한 곳이라는데 가시겠습니까?"

그때 나는 이렇게 대답했다.

"네, 가겠습니다. 목사님, 제가 신학대학을 다닐 때 어떤 교수님이 이런 말씀을 하셨습니다. 하나님의 뜻이 있는 곳에 있으면 그곳이 가장 안전한 곳이고 하나님의 뜻이 없으면 그곳이 가장 위험한 곳이라고요. 저는 지금 아프리카에 가지 않으면 위험합니다. 하나님의 뜻이 아프리카에 가는 것이기 때문에 저에게는 아프리카가 가장 안전한 곳이라고 믿습니다."

조 목사님은 이 답변이 마음에 드셨는지 밖에 있는 담당 사역자에게 "사명감이 있는 것 같으니 보내도록 해!"라는 짧은 말과 함께, 그 자리에서 아프리카 선교사로 파송을 허락해 주셨다.

그렇게 해서 나는 아프리카로 떠나게 되었다.

Chapter 03

# 이민생활의 시작과
# 다시 만난 하나님

나는 어렸을 때부터 교회에 다녔다. 그러다가 잠시 교회 다니기를 그만뒀는데, 중학교 1학년 때 같은 반 친구로부터 교회에 나갈 것을 권유 받게 되었다. 그때 이민선이라는 친한 친구가 있었는데 나를 전도한 친구는 민선이와 나 둘 모두에게 교회에 가자고 했다.

그때 나는 그 친구에게 "민선이가 교회에 가면 나도 갈게."라고 말했고, 민선이는 "은미가 교회에 가면 나도 갈게."라고 말하며 둘 다 교회 가는 것을 미루었다.

그러다 결국에는 나를 집요하게 전도하던 그 친구를 따라 교회에 가게 되었다. 그렇게 교회에 다니다가 고등학교 1학년쯤 '주 예수 그리스도를 내 삶에 참된 구세주로 영접한다.'라는 말뜻을 깨닫게 되었다.

지금 일산 '예일장로교회'를 담임하고 계시는 류우열 목사님이 그때 내가 다니던 개척교회의 담임 목사님이셨다. 목사님은 성경을 정말 재미있게 가르쳐 주셨는데, 중학생인 내가 매주 수요 성경공부 시간에 참석할 정도였다. 매주 수요일 저녁 목사님은 칠판에 성경 구절을 쓰시면서 한 시간이 넘도록 가르치셨다. 나는 그 시간에 항상 맨 앞자리에 앉아 성경과 하나님에 대해 배워 나갔다.

목사님으로부터 십일조에 대한 설교를 들었을 때는 내가 고등학교 2학년 때였다. 그때 초등학생 과외를 하면서 처음으로 돈을 벌고 있었다. 내가 처음 번 돈, 그리고 바로 그때 내가 처음 들은 '십일조'에 대한 설교. 나는 그때부터 십일조를 하기 시작했다. 어렸을 때부터 십일조에 대한 설교를 듣고 순종하였기 때문에 나이가 들어서도 십일조를 구별하여 놓는 생활은 나에게 아주 쉬운 일이었다.

또 류우열 목사님은 우리들에게 학교에 갈 때 그리고 학교에서 돌아올 때 꼭 교회에 들러서 기도를 하라고 하셨다.

그래서 나는 학교에 가는 길에 교회에 들러 기도하고, 또 학교를 마치고 집에 돌아오는 길에 교회에 들러 기도했다. 학교에서 돌아오는 길에 교회에 들러서 아무도 없으면 교회 청소도 하고 방석도 깔아 놓는 등 교회에서 봉사하는 것을 좋아했다.

목사님이 가르치는 대로만 하면 되는 줄 알았기 때문에, 목사님이 교회에서 봉사하라고 하시면 봉사하고 기도하라고 하시면 기도했다. 지금까지도 그 시절 좋은 목사님을 만난 것이 나의 가장 큰 복이라고 생각한다.

그러다가 나는 경기여고 3학년 때 미국으로 이민을 가게 되었다.

나는 3남매의 맏딸이고 내 아래로 남동생이 둘이 있다. 우리 아버지는 자녀들의 교육에 대해 지극히 관심이 많으셨다. 전쟁 때 교육을 제대로 받지 못한 것이 마음에 한이 되어 자식들의 교육만큼은 잘 해보고 싶으신 것이 아버지의 소원이었다.

그래서 1981년 아버지는 이민을 결정하셨다. 마침 고모님들이 미국에 계셔서 가족 초청이민 수속을 밟고, 우리는 순탄하게 온 가족이 미국으로 이민을 갔다. 그렇다고 해서 우리 가정이 부유한 편은 아니었다. 그래서 맏딸이었던 나는 두 남동생의 교육을 위해 희생을 해야 한다는 생각을 갖고 있었다. 나는 대학에 가지 않고 돈을 벌어서 두 남동생을 뒷바라지해야겠다고 일찌감치 결정했다. 미국에서 우리 가정이 자리 잡기 위해서는 봉재공장이라도 들어가서 부모님께 재정적으로 도움이 되어야 한다는 생각을 했다.

당시 고등학교 3학년이었던 내가 영어로 수업하는 미국 학교에 입학했으니, 공부는 나에게 스트레스일 수밖에 없었다. 그렇게 무리한 수업을 받으면서도 학교 수업을 마치면 곧바로 일을 하러 갔다. 처음에는 영어가 안 되어 식당에서 접시 닦기 일을 했다.

접시를 닦으면서 학교 공부도 해야 했기에 영어 단어를 인덱스 카드(index card)에 적어 벽에 붙여 놓고 공부했다. 손으로는 접시를 닦고 눈으로는 영어 단어를 외우면서 그렇게 미국에서의 이민생활을 시작했다.

인덱스 카드는 두꺼운 것으로 준비했다. 그래야 접시를 닦다가 물이 튀어도 종이가 찢어지지 않기 때문이다. 영어 실력이 조금 나아진 후에는 로이 로저스(Roy Rogers)라는 맥도널드와 비슷한 음식점에서 계산원(Cashier)으로 일하게 되었다.

그때도 영어를 배우기 위해서 같이 일하는 미국 아이들을 무척이나 성가시게 했다. 손님이 와서 "공중전화가 어디에 있나?"라고 물어보면 옆에 있는 미국 친구에게 그 답을 써 달라고 해서 같은 질문을 하는 손님에게 그 답을 활용하면서 미국식 영어를 하나둘씩 익혀 갔다.

내가 일하던 로이 로저스에는 아주 잘 팔리는 햄버거가 있었는데, 그 햄버거 이름이 'Double R burger'였다. 그런데 내가 R 발음을 제대로 하지 못해 그 햄버거 주문을 받아 뒤에 요리하는 사람에게 주문을 넣을 때면, 요리하는 사람이 내 발음을 알아듣지 못할 때가 많았다. 같이 일하던 친구들 중에는 착한 친구들이 있기도 했지만 좀 짓궂은 친구들도 있어서, 내가 주문할 때 'R'발음이 이상하면 그 친구는 매우 짜증을 내면서 "What? What?"이라고 되물었다.

그땐 자존심 상해서 그만둘까도 생각했다. 그러다가도 다른 데 간다고 내 'R'발음이 하루아침에 고쳐질까 생각하니 그렇지도 않았다. 어느 곳에 가도 내 발음을 트집 잡는 사람은 있을 테고, 그러면 문제가 있을 때마다 나는 직장을 바꿔야 할 텐데 생각해 보니 그건 아니었다.

그래서 오히려 내게 까다롭게 대하는 그 친구에게 더 친절하게 대했다. 쉬는 시간에도 더 말을 붙이고 일도 도와주곤 했다. 그렇게 했더니 처음에는 시큰둥하던 그 친구가 나중에는 친절한 동료가 되어 주었다. 나로서는 이민생활의 '작은 승리'를 경험한 일이었다.

평일뿐만 아니라 주말에도 나는 일을 해야 했다. 학교에 아침 8시까지 등교해서 공부하고 오후 3시가 조금 넘어서 집에 왔다. 그러면 오후 5시까지 일을 하러 가서 종일 서서 계산원 일을 마치고 청소까지 하고 집에 오면 밤 12시가 되곤 했다.

그때부터 학교 숙제를 하고 이튿날 또 학교에 갔다. 그러다 보니 때로는 코피를 쏟기도 했다. 코피를 쏟는 모습을 부모님이 보시면 마음 아파하실까 봐 얼른 코피를 닦아 내고 피곤하지 않은 척 학교에 가곤 했다.

당시 이민생활에 정착해야 하는 부모님의 고생은 이루 다 말로 표현할 수 없었다. 언어가 통하지 않는다는 것, 문화를 모른다는 것, 얼른 돈을 벌어야 한다는 것, 그 가운데 겪어야 하는 인종차별까지.

그런 환경 속에서 맏딸이었던 나는 부모님을 가장 많이 도와드려야 했고, 부모님은 나를 3남매 중 가장 많이 의지할 수밖에 없었다. 또 나는 한국에서 고등학교 3학년 10월까지 다니다가 미국으로 갔기 때문에 미국에선 고등학교 2학년부터 다녀야 했다. 미국은 전체 과목 중 영어 9, 10, 11, 12를 모두 마쳐야 하기 때문에 나는 고등학교 3학년으로 편입할 수는 없었다. 그 과목을 다 마칠 수 있도록 섬머 스쿨(summer school)까지 다니면서 영어 필수 과목들을 이수하려면 적어도 미국 고등학교를 2년은 다녀야 졸업이 가능했기 때문이다. 그래서 결국 한국에서 3년, 미국에서 2년 총 5년 동안 고등학교에 다녔다.

고등학교 5년을 다닌 것까지는 좋았는데 영어를 잘 못해서 3학년 때 영어 과목을 F학점 받았다. 그래서 다른 친구들이 졸업하는 날 함께 졸업하지 못하고 나는 섬머 스쿨에 가게 되었다. 낙제한 영어 과목을 다시 듣고 C를 받은 후에야 졸업할 수 있었다.

다른 친구들이 졸업하는 날 수영장에 가서 엉엉 울었다. 한국에서 제 학년에 졸업을 못하고 미국에 와서 2년을 더 공부한 것도 속상한 일인데, 정상적으로 졸업을 못했으니 말이다. 결국 영어 과목을 한 번 더 공부한 후에 제때 졸업 못한 학생들끼리 하는 졸업식에서 고등학교를 졸업해야 했다. 자존심이 다 구겨져 있을 때였다.

돌이켜보면 그래도 졸업은 했으니 다행이다. 그리고 그런 시기가 있었기에 내가 훗날 교수가 된 것이 청소년들에게 더욱 큰 간증거리가 될 수 있었다.

Chapter 04
# 나를 위해
# 기도하는 사람들

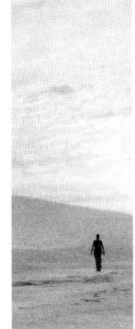

나는 중보기도의 힘을 믿는다. 지금의 내가 있기까지는 항상 누군가가 나를 위해 기도해 주었고, 하나님은 그 기도를 들어 응답해 주셨다는 것을 믿어 의심치 않는다.

내가 대학교 1학년 때의 일이다. 캠퍼스에서 한국 학생들이 모여 '성경공부'를 하는 기독교 클럽에 들어가게 되었다. 대학교 1학년 때 나의 모습은 한 마디로 '껄렁껄렁'했다. 하지만 성경공부 시간에 전도사님이 묻는 성경적인 질문에 답을 잘 했고, 기도도 시키면 그야말로 '청산유수'처럼 잘 하는 학생이었다. 그렇지만 성경공부 시간이 아닌 때에 교정에서 만나면 나의 모습은 껄렁껄렁하니, 그야말로 이 세상과 하나님 사이에 양다리를 걸치고 살아가는 대표적인 그리스도인이었다.

성경공부 클럽에 나오는 많은 분들은 신앙이 돈독했다. 그때는 몰랐는데 그분들이 나를 위해 중보기도를 많이 했다고 한다. 하나님을 잘 믿는 자매가 되게 해 달라고 세상과 타협하지 않고 신실한 믿음을 갖고 신앙생활을 하게 해 달라고 말이다.

그러던 중 방학 때, 성경공부 클럽에서 수양회가 있으니 그 수양회를 같이 가자고 물어 왔다. 나는 별 생각 없이 그 수양회를 따라가게 되었다. 정말 별 생각 없이 간 곳에서 나는 내 평생 잊지 못할 체험을 하게 되었다.

수양회 첫날 밤 예배 시간이었다. 평소에 성경공부를 인도하시던 전도사님이 강대상 앞에 서서 말씀하셨다.

"읽을 본문 말씀은 로마서 12장 2절 말씀 '너희는 이 세대를 본받지 말고 오직 마음을 새롭게 함으로 변화를 받아, 하나님의 선하시고 기뻐하시고 온전하신 뜻이 무엇인지 분별하도록 하라' 입니다."

전도사님은 성구를 읽으신 후 설교 말씀을 시작하셨다. 그런데 나는 전도사님이 본문 말씀을 읽는 중에 그러니까 설교를 듣기도 전에, 마음에 무어라고 표현할 수 없는 회개가 일어났다. 그분은 그냥 성경 말씀을 읽은 것뿐이었다.

그러나 그 성경 말씀이 내 가슴 가장 깊은 곳을 찔렀다. 나는 지금까지 내가 이 세대를 본받았다고 생각하지 않았다. 내 생각에는 술 마시고, 춤 파티에 다니고, 상스러운 욕을 하는 이런 일들이 교회에 다니면서도 당연히 할 수 있는 일이었다. 또 그런 일들이 이 세대를 본받은 일이라고 생각지도 않았다. 그러니 내가 이 세상과 타협하는 그리스도인이라고 여기는 마음이 당연히 없었고, 가책이나 죄책감을 느끼는 일도 없었다.

그러나 그날 그 성경말씀 한 구절로 인해 나는 눈물 콧물을 다 쏟으면서 회개하기 시작했다. 사실 나는 그날 무슨 설교를 들었는지 기억이 안 난다. 그저 그 성경 말씀으로 인해 설교 시간 내내 엉엉 울었던 기억뿐이다. 그래서 나는 성경말씀 자체가 사람을 변화시키는 능력이 있다고 믿는다. 또 그 능력이 나에게 임하도록 누군가가 나를 위해 기도했다는 것을 믿고 있다.

그렇게 해서 대학 1학년 수양회 때, 그야말로 새 사람이 되는 경험을 했다. 나는 그 이전까지는 공부를 열심히 하지 않았다. 무엇이 되고 싶다는 '삶의 목표'가 없었기 때문이다.

그러나 그날의 회개 이후로 나는 공부를 열심히 하기 시작했다. 물론 그때도 당장 무엇이 되고 싶은지 알지 못했다. 내가 무엇을 좋아하는지에 대한 확신 같은 것 역시 나에게는 없었다. 그러나 당시 학생이었으므로 공부를 열심히 하는 것이 하나님께 드릴 수 있는 최선의 삶이라고 생각했다.

그렇게 공부를 하는데 자꾸 내 마음을 두드리는 일이 있었다. 고등학교 시절 영어 시험 때 커닝을 한 일이었다. 한국에서 고3 때 이민을 온 나는 영어를 너무 못했기 때문에 조금 커닝해도 괜찮을 것이라고 생각했다. 다른 학생들은 미국에서 태어난 미국 학생들이니 당연히 영어를 잘 할 것이다. 내가 국어 시험을 쉽게 치르는 것과 마찬가지이지 않은가. 그래서 커닝을 조금 하는 것이 그렇게 큰 죄(?)가 아니라고 여겼다. 정말 대수롭지 않게 여기며 마음 편하게 영어 시험 시간에 커닝을 했던 것이다.

하지만 새 사람이 된 후 그 일이 자꾸 떠올라 내 마음을 무겁게 했다. 그래서 고등학교 시절의 영어 선생님을 찾아갔다. 학교 다닐 때 영어 시험에서 커닝했으며 잘못했다고 용서를 빌었다.

그리고 덧붙였다.

"선생님, 저는 아무 생각 없이 따라간 대학 수양회에서 변화를 받고 올바른 그리스도인이 되고자 결심했습니다. 그런데 자꾸 당시에 커닝했던 것이 떠올라 용서를 구하고자 찾아왔습니다."

선생님은 자기가 가르친 학생들 중 커닝한 학생들이 많았겠지만, 나처럼 학교를 졸업한 후 찾아와서 용서를 비는 학생은 내가 처음이라고 했다. 그런 나를 용서해 주신다는 선생님께 감사하다는 인사를 드리고 아주 가벼운 마음으로 교정을 나왔다. 나는 그 후 공부를 열심히 했지만 영어가 서툰 내게 영어로 진행하는 모든 수업이 어려울 수밖에 없었다.

그때 나는 간호학을 전공하고 있었는데 실습 시간에 환자들의 병상 차트를 쓰는 것이 무척이나 어려웠다. 그 밖에도 몸의 모든 부분들을 다 외워야 했고, 실험실에 들어가면 실험에 관련된 모든 용어들을 외워야 했다. 영어로 에세이를 쓰는 시간에는 정말 머리에 쥐가 날 지경이었다.

그 후 나는 신학으로 전공을 바꾸게 되었다. 내가 신학교에 가기까지의 사연은 나름대로 좀 독특하다.

그때는 여자들이 목사 안수를 받는 것이 드문 일이었다. 그런데 나는 계속해서 내가 목사가 되어야 할 것 같다는 생각이 들었다. 나는 이 일을 두고 신앙의 선배들에게 많은 조언을 구하기도 하며, 하나님의 뜻을 알기 위해 나름대로 여러 가지 방법을 총동원하고 있었다.

맨 처음으로 하나님의 인도하심을 확인받은 것은 매일같이 하던 큐티를 통한 말씀이었다. 그 후에 나는 확증을 위해 하나님께 꿈을 통해 보여 달라고 기도했다. 꿈을 통해 내가 설교하는 모습을 보여주시면 신학교에 가겠다고 했다. 그날 밤 나는 내가 설교하고 있는 꿈을 꾸었다. 그래서 아침에 일어나 다시 기도했다.

"하나님, 기드온도 하나님의 인도하심을 구할 때는 상황과 반대로 기도한 적이 있으니, 저도 오늘 밤 꿈에는 반대로 지금 공부하고 있는 전공을 살려 간호사가 되는 꿈을 꾸게 해주세요."

그리고 그날 밤 꿈에서는 간호사가 되어 있었다.

다음 날 나는 하나님께 '삼세판!'을 요구했다. 이번에는 다시 꿈에 설교하고 있는 모습을 보게 해 달라고 기도했다. 그리고 내 기도대로 그날 나는 설교를 하고 있는 꿈을 꾸게 되었다. 하나님께 요구한 '꿈 삼세판'의 확증이 끝나는 날이었다. 하지만 아침에 일어나서 주님께 다시 말씀 드렸다.

"하나님, 사람이 생각이 많으면 그것이 꿈에 나타난다고 합니다. 꿈으로 주님의 뜻을 결정하기에는 좀 그렇습니다. 이번에는 사람에게 말을 할 테니 그 사람이 나에게 신학 대학에 가는 것이 하나님 뜻이라고 말하게 해주세요."

그 당시 나는 워싱톤중앙장로교회에 매일같이 새벽기도를 나가고 있었다. 그날도 새벽기도를 마친 후 교회를 나오는데 항상 앞자리에서 기도를 많이 하시는 권사님이 앞에 걸어가셨다. 권사님께 요즘 신학교를 가야 할 것인지에 대한 하나님의 뜻을 구하기 위해 기도를 하고 있는 중이라고 말씀드리고, 권사님더러 기도를 좀 해 달라고 부탁했다. 그러자 권사님이 대뜸 말씀하셨다.

"응, 나는 알고 있었지. 하나님이 그렇게 인도하고 계시다는 것을. 신학교에 가도록 해요!"

'어? 하나님께 사람을 통해서 말씀해 달라고 했는데 이렇게 권사님이 내게 말씀하시다니?'

하나님께 확증을 구하고 있었지만, 사실 목사가 되겠다는 사명감 같은 것은 아직 없었을 때였다. 그러니 '정말 신학교 가야 하나? 하나님은 내가 목사가 되기를 원하시는가? 여자도 목사가 될 수 있나? 이거 성경적인가?' 하는 꼬리에 꼬리를 무는 생각들이 나를 더욱 사로잡았다.

그러다가 미국 이민 자녀들의 대학 수양회인 '비전'이라는 수양회에 참석하게 되었다. 그때 강사로 오신 분은 C.C.C의 총재이셨던 김준곤 목사님이셨다.

목사님은 청년이 가져야 할 비전에 대해 설교하셨는데 그 말씀에 큰 도전을 받게 되었다. 그날 저녁 집회를 마치고 내 숙소로 돌아와서 나는 주님께 이런 기도를 드렸다.

"주님, 정말로 제가 신학교에 가기를 원하신다면 더 이상은 주님을 시험(?)하지 않겠습니다. 꿈으로도 말씀으로도 사람을 통해서도 제가 원한 모든 방법 그대로 주님이 저를 신학교로 인도하신다는 확신을 주셨습니다. 이제 정말 마지막입니다. 제가 성경에 좋아하는 말씀이 있습니다. 이사야 41장 10절 말씀입니다. '두려워하지 말라. 내가 너와 함께 함이라. 놀라지 말라. 나는 네 하나님이 됨이라. 내가 너를 굳세게 하리라 참으로 너를 도와주리라. 참으로 나의 의로운 오른손으로 너를 붙들리라.' 제가 성경을 펴서 이 말씀이 나오면 하나님이 저에게 신학교에 가라는 것으로 확신하고 더 이상 절대로 묻지 않겠습니다. 딱 한 번에 이 말씀이 나오게 해주신다면 주님 뜻에 순종하겠습니다."

사실 그때는 그렇게 하나님의 인도하심을 구하는 것이 올바른 방법이 아니라는 것을 알지 못했다. 지금은 이 방법을 절대로 다른 사람들에게 추천하지 않는다. 그러나 그 시간에는 하나님이 나의 순전하고 단순하고 그야말로 하나님의 뜻을 확실하게만 알면 무조건 순종하겠다는 그 동기를 긍휼하게 여기셨던 것 같다.

그때 나는 진실로 비장한 마음이었다. 이것이 정말 마지막으로 주님께 여쭙는 것이고, 정말 성경을 펴서 그 말씀이 나오면 전공을 바꿔 신학교에 갈 준비를 할 태세였다. 내 비장함을 주님께 보여 드리려고 무릎까지 꿇었다. 그리고 성경을 폈다.

"꺄악~!"

정말로 이사야 41장 10절이 바로 내 눈앞에 펼쳐졌다.

"아버지!"

눈물이 흐르면서 마음에 감동이 되었다. 무엇보다 나의 계속되는 의심에도 매번 확증으로 답하여 주신 주님에 대한 감사함이 차고 넘쳤다.

"좋다. 나도 내가 한 말을 지켜야지!"

주님과 약속한 대로 두 번 다시 묻지 않고 신학교에 가기로 결심했다. 그런데 신학교가 한두 군데인가? 어느 신학교에 가지? 결국 주님께 또 여쭈었다.

"주님 신학교가 뭐 한두 군데인가요? 어느 신학교에 갈까요? 이렇게 하는 것은 어떨까요? 사람들에게 신학교를 추천해 달라고 해서 세 사람이 같은 학교를 나에게 추천해 주면 저는 그 학교에 입학 원서를 내겠습니다. 어떨까요? 주님?"

나는 그렇게 기도를 드렸고 얼마 안 있어 나는 세 사람으로부터 한 신학교를 추천받았다. 그렇게 해서 펜실베이니아 주에 있는 밸리포지크리스천대학(Valley Forge Christian College) 목회학과 3학년 편입생으로 들어가게 되었다.

Chapter 05

# 하나님이 허락하신 배우자와의 만남

하나님의 인도하심은 언제나 내 상상을 뛰어넘었다. 당시 나는 목사가 되어야 한다는 단 하나의 목적을 위해 나를 밸리포지크리스천대학으로 인도하셨다고 생각했기 때문이다.

편입 후 첫 수업은 기독교육학이었다. 교수님은 우리들에게 자신이 할 수 있는 가장 창조적인 방법을 사용해서 자기 이름을 소개하라고 하셨다. 한 번만 들어도 사람들이 그 이름을 기억할 수 있도록 하기 위한 재치 있는 방법이었다.

그때 나는 맨 앞자리에 앉아 있었으므로 금세 차례가 되었다.

어떻게 소개할까 고민하다가 다음과 같이 말했다.

"내 이름은 유니스(Eunice)입니다. Eunice라는 이름의 스펠링을 두 음절로 나누면 'Eu-nice'가 됩니다. 발음으로는 'you nice'가 되니까 나를 부를 때마다 'you nice(유 나이스)'라고 생각하시면 기억하기 편하실 겁니다. 그리고 사실 나는 참 괜찮은 사람이므로 이 이름이 나에게 잘 어울린다고 생각합니다."

칠판에 내 이름의 영어 철자까지 써 가면서 그렇게 소개를 마쳤다. 반 학생들은 웃음으로 나를 환영했고 그날의 자기소개로 인해 모든 학생들에게 'You nice!'라는 별명으로 불려졌다.

그때 내 옆에 앉은 남학생은 머리가 까만색인 미국 사람이었다. 훤칠한 키에 첫눈에도 잘생긴 남자였다. 그의 자기소개 순서가 돌아왔다.

"제 이름은 'Bill Newcomb'입니다. 혹시 제 이름이 기억나지 않으면······."

하고 말을 멈추더니 재킷 안주머니에서 빗을 꺼냈다. 'Newcomb'라는 단어를 두 단어로 나누면 'New'는 새로운 'comb'는 머리 빗는 빗이다. 그래서 그는 주섬주섬 빗을 꺼내며 학생들에게 보여줬다. 자기 이름이 기억나지 않으면 새 빗을 떠올리라면서 말이다.

학생들은 "우와!" 하고 폭소를 터뜨렸다. 그래서 학교 식당에서 빌을 보면 나는 '뉴 콤, 뉴 콤(새 빛 새 빛)'이라고 불렀고, 빌은 나를 보면서 '유 나이스, 유 나이스!'라고 부르게 되었다.

어느 날, 같은 반 미국인 친구 한 명이 나에게 빌이 나를 좋아하는 것 같다고 말했다. 나중에 알고 보니 빌한테는 유니스가 너를 좋아하는 것 같다고 말을 했다고 한다.

나는 나에게 한 말만 듣고는 이 남자가 언제 데이트를 신청하려나 기다렸다. 기다리던 중 빌이 나에게 데이트 신청을 해왔다. 그래서 그날 둘이서 볼링을 치고 나서 저녁을 먹으러 갔다. 그때 나는 성경책을 들고 갔었다. 식사를 마친 후에 나는 성경책을 펴고 내 꿈과 비전에 대해서 말했다.

"나는 이 세계를 돌아다니면서 복음을 전파하는 설교자가 될 거야!"

그때 우리 학교에서 목회학을 전공하는 학생 중에 여자는 딱 다섯 명이었는데 그 중에 하나가 바로 나였다.

나는 빌도 목사가 되려고 목회학을 전공하는 줄 알았는데 빌은 목사가 되고 싶은 마음으로 신학교에 온 것이 아니라고 했다. 빌의 목표는 기독교 영화를 제작하는 것이라고 했다. 당시 빌은 패션모델 일을 하고 있었다. 모델 학교도 최우수 성적으로 졸업한 그였다.

그는 모델 생활을 하다 영화배우가 되어서 경력을 쌓은 후에는 기독교 영화를 제작하는 것이 꿈이었다. 그런데 기독교 영화를 성경적으로 잘 제작하려면 체계적인 신학 배경이 필요하다고 생각하고 신학교에 왔다고 했다.

빌은 나와의 첫 데이트 후에 기숙사로 돌아가서 기도를 했다고 한다.

"하나님, 유니스는 목사가 되고 싶다고 합니다. 또 자기 꿈은 전 세계를 돌아다니면서 복음을 전파하는 설교자라는데 이런 여자를 제가 감당할 수 있을까요?"

이 기도에 주님이 이렇게 말씀하시더란다.

"너는 감당할 수 있다."

그 후로도 우리의 데이트는 계속 되었다. 하지만 데이트할 당시에는 남편이 이런 말을 해주지 않았다. 데이트를 한 지 1년 정도 되었을 때, 나는 주님 앞에 장차 어떤 남편을 만나야 하는지 남편을 달라는 기도를 드렸다.

그때 주님이 내 마음에 이런 말씀을 하셨다.

"은미야, 세상에는 말이다 돈 많은 남자, 학력 높은 남자, 명예 있는 남자, 그런 남자들이 많이 있다. 하지만 세상에 드문 남자가 있다. 그것은 '내 마음에 합한 남자'란다. 너는 어떤 남자를 원하니?"

나는 얼른 대답했다.

"흔한 남자는 싫고요, 드문 남자를 주세요. '하나님의 마음에 합한 남자'를 제 남편으로 주세요."

그렇게 대답하자 하나님 곧바로 나에게 답을 주셨다.

"그러면 빌이랑 결혼하렴."

"빌이랑요? 어, 그건 안 되는데요! 빌은 미국 사람이잖아요. 울아버지 아시면 저 큰일나요. 울아버지 미국 사위 싫어하실 거예요. 그리고 빌은 아직 2학년이잖아요. 저는 4학년 졸업할 때예요(나는 그때 편입생이었고 남편은 조금 늦은 나이에 신입생으로 들어왔기에 남편이 나이는 나보다 많았지만 학년은 내가 높았음). 그리고 빌은 가난하던데요. 가진 것도 없어요. 앞으로 고생길이 훤한데…… 빌은 안 될 것 같아요."

그렇게 대답한 나에게 주님은 묵묵부답 아무런 답이 없으셨다.

그러고는 시간이 지났다. 빌은 어느 날 데이트를 마친 후 나를 기숙사까지 데려다주더니 기숙사 앞에서 기사들이 하는 그런 모습으로 한쪽 무릎을 꿇고 내 손을 잡고 자기와 결혼해 주겠냐는 프러포즈를 하였다.

그때 좀 튕겼어야 하는 건데……. 나는 엉겁결에 곧바로 "Yes!"라고 했다.

결혼 승낙을 참 쉽게 했다는 생각도 든다. 하여튼 나는 프러포즈 받은 그날 결혼을 승낙했고, 다음 날 학교 로비에 커다란 꽃바구니가 배달되었다. 그 꽃바구니에는 "Thanks for saying 'Yes!'"라는 메모가 적혀 있었다.

결혼 승낙을 감사해 하는 꽃바구니였던 것이다. 사실 엉겁결에 결혼 승낙을 한 것이었지만 어찌됐든 부모님께 알려 드려야 했다. 부모님께 결혼 의사를 말씀드렸더니 아버지께서는 노발대발 화가 잔뜩 나셨다.

미국 남자라는 것이 첫 번째 거절 이유였고, 사람이 너무 착하게 생겨서 앞으로 어떻게 나를 먹여 살릴 것인지 걱정이라는 것이 두 번째 이유였다. 나는 예수 믿는 자식인지라 부모님 말씀에 불순종하는 것이 옳지 않다고 생각했다.

엄마는 항상 내 편이어서 그냥 결혼하라고 말씀하셨지만, 아버지는 워낙 완고하셔서 사위가 미국 사람인 것을 영 못마땅해하셨다. 그래서 아버지의 말씀에 순종해 아버지가 반대하시면 결혼하지 않겠다고 말씀드렸다. 그러나 단 한 가지는 알고 계시면 좋겠다고 했다. 아버지가 반대하기 때문에 그 뜻에 순종하여 결혼하지 않는 것이니, 이 남자가 아니면 나는 평생 결혼을 하지 않을 거라고.

아버지는 내 말을 깊이 생각해 주셨다. 그리고 어느 날 아버지께서 나에게 말씀하셨다.

"빌이랑 결혼해라. 네가 선택한 네 운명이라고 생각한다!"

그렇게 우리는 결혼 허락을 받았다. 그 후 남자 친구인 빌과 둘이서만 약혼식을 했다. 약혼식 하는 날 빌은 다이아몬드 약혼 반지를 준비해 왔다. 이 약혼 반지를 마련하느라 빌이 방학 내내 풀타임으로 아르바이트한 것을 알고 있었다. 그 반지를 내 손에 끼워 주면서 빌이 한 말이 있다.

"나는 물질을 사랑하거나 찬양하거나 그런 사람은 아닙니다. 그러나 성경 말씀에 '고운 것도 거짓되고 아름다운 것도 헛되나 오직 여호와를 경외하는 여자는 칭찬을 받을 것이라.'라는 말씀이 있습니다. 당신은 여호와를 경외하는 여자인 줄 알기 때문에 이 반지를 마련하기 위하여 정말 많은 수고와 땀을 흘렸습니다. 여호와를 경외하는 여자는 칭찬을 받아야 한다는 그 성경 말씀을 그대로 실천해 주고 싶어서 마련한 반지입니다. 앞으로도 계속 여호와를 경외하는 여자가 되어 주기를 바랍니다."

미국말로 하면 더 근사한테 한국말로 번역하면 위와 같은 말이 된다. 그 반지를 받으면서 얼마나 감사했던지. 내가 받은 다이아몬드보다 더 큰 다이아몬드를 받은 여자들이 많이 있겠지만, 나는 그날 받은 다이아몬드보다 더 큰 다이아몬드를 부러워해 본 적이 단 한 번도 없다.

약혼식을 그렇게 올린 다음 부모님께 약혼식을 했다고 했더니 아버지께서 화가 많이 나셨다(실제로 미국은 약혼식을 당사자들끼리만 하고 부모님께는 알려드리는 정도로 약혼식 자체를 의식으로 행하지 않는 경우가 많다). 어떻게 부모님들도 없이 너희들끼리 약혼식을 했냐는 것이다. 그러면서 당장 집으로 오라고 하셨다. 크게 혼나겠구나 싶어서 주말에 부랴부랴 집으로 갔다. 집은 버지니아 주여서 학교에서 4시간 정도 운전해서 가야 하는 거리였다. 빌과 함께 오라고 하셔서 둘이 같이 혼날 생각을 하고 갔다. 그런데 집에 들어서는데 대문 앞에 웬 신발들이 이렇게 많은지.

'손님들이 오셨나?'

현관문을 열자 집 안에서는 잔치가 벌어지고 있었다. 음식들을 잔뜩 차려놓고 할머니, 아버지의 가까운 친구들, 친척들이 다 모여 있었다. 말 그대로 상다리가 부러지듯 풍성하게 차려진 음식들을 보며 두 눈이 휘둥그레져 있는 빌과 나를 향해 아버지가 말씀하셨다.

"은미야, 약혼식은 이렇게 하는 거란다. 약혼을 축하한다!"

얼마나 감동스러웠는지 눈물이 핑 돌았다. 그리고 내 생각이 짧았던 것에 대한 죄송스러움이 밀려왔다. 잔치를 마치고 아버지는 돈을 주시면서 약혼 기념사진을 찍으라고 하셨다.

우리가 결혼한 지 이제는 어느덧 20년의 세월이 흘렀다. 아버지는 언젠가 그런 말씀을 하셨다.

"은미야, 네가 나를 세 번 크게 거역한 적이 있다. 간호학과에 진학하지 말라고 했을 때 간호학과에 진학한 것, 신학교에 가지 말라고 했을 때 신학교에 간 것, 그리고 빌이랑 결혼하지 말라고 했는데 결혼한 것, 그러나 세월이 지나고 보니 네가 거역한 세 가지 모두가 다 훌륭한 거역이었다. 거역하기를 아주 잘 했다고 생각한다."

결혼 후 우리 아버지와 남편 빌은 친구처럼 사이좋은 장인과 사위가 되었다. 그래서 나는 남편과의 결혼을 허락해 주신 아버지께 평생 감사를 드린다.

그리고 나를 수많은 신학교 중에 꼭 그곳에 가게 하셔서 내 평생의 반려자를 만나게 해주신 하나님께 늘 감사한다.

# 최고의 날 묵상

**2007년 2월 12일 월요일 〈베드로전서 3:8~11〉**

"마지막으로 말하노니 너희가 다 마음을 같이하여 동정하며 형제를 사랑하며 불쌍히 여기며 겸손하며 악을 악으로, 욕을 욕으로 갚지 말고 도리어 복을 빌라 이를 위하여 너희가 부르심을 받았으니, 이는 복을 이어받게 하려 하심이라 그러므로 생명을 사랑하고 좋은 날 보기를 원하는 자는 혀를 금하여 악한 말을 그치며 그 입술로 거짓을 말하지 말고 악에서 떠나 선을 행하고 화평을 구하며 그것을 따르라."

어제 폴 전도사의 파송 예배가 있었다. 남편은 이번 주일설교는 폴 전도사에게 맡기면 좋을 것 같다고 했다. 좋은 생각인 것 같아 그렇게 했다.

어제 폴 전도사는 설교하기 전 자기 인생의 참으로 귀한 만남에 대해 이야기했다. 그 만남이 바로 우리 부부와의 만남이었다고 하면서 13년 전으로 거슬러 올라가 이야기를 했다.

그 말을 들으니 '이분을 만난 지가 벌써 13년이 흘렀구나.' 나도 그렇게 옛 기억이 났다. 우리가 처음 케냐에 선교사로 왔을 때 그는 이단에 빠져 있었다.

그는 우리 연구소의 공사장에서 인부로 일하고 있었는데 연구소가 문을 닫게 되면서 갈 곳이 없게 되었다. 버는 돈이 넉넉지 않아 아내는 따로 시골에 살고 그는 나이로비에 살고 있었다.

갈 곳이 따로 없는 사람이라 우리가 리무르로 이사하면서 그도 함께 가기로 했다. 그러니 연구소 문을 닫으면서 우리 집으로 들어온 사람은 모세, 존, 벤자민, 폴이었다.

그때 모세는 공사장 감독이었고, 시골 벽지에서 갓 올라온 존은 연구소의 요리사였는데 영어도 잘 못하던 때였다. 또 다른 사람 벤자민은 그래도 예수전도단에서 교육을 조금 받은 사람이었다. 그렇게 해서 네 사람 모두 우리 집으로 들어왔고 그때부터 같이 살았다.

그러니 우리가 만난 지는 13년째이고, 같이 살아온 지는 거의 8년이 된 셈이다. 모세는 그 당시 총각이었는데 결혼해서 지금은 아이들이 셋이고 벤자민은 얼마 전에 결혼했다. 폴은 아이가 하나였는데 이제는 셋이다. 시골에서 식구들을 다 데리고 와서 3년 전인가 우리 집에서 분가했다. 존은 올해 결혼하려고 지난 주 신부되는 집에 가서 신부값(?)을 흥정하고 막 돌아왔다. 곧 결혼 준비를 하겠지.

지금은 네 사람 모두 우리 교회의 전도사들이다. 벤자민은 약

2년 전에 교회를 개척해서 목회를 하고 이제 폴 전도사는 단독 목회를 하러 나갈 것이다. 모세 전도사와 존 전도사는 나와 함께 이 티고니 교회를 목회한다.

    이 네 사람 모두 우리 집안사람들이라고 할 수 있다. 집에서 직접 길러낸 일꾼들이니 말이다. 어제 폴 전도사가 이전의 이야기를 죽 하니까 나도 기억이 새로웠다.

    이단에 빠져 있었던 폴. 당시에 남편이 폴이 이단에 빠져 있다고 말해서 나는 그런가 보다 하고 별 관심없이 대했다. 그러나 남편은 그렇지 않다. 한 영혼 한 영혼을 아주 귀하게 여긴다. 그리고 최선을 다해서 한 영혼 한 영혼이 온전히 주님 앞에 나오기를 자신의 삶의 열매를 통해서 보여 주기 원하는 '진정한 선교사'이다.

    나는 남편을 남편으로도 존중하지만 '참된 선교사'라는 생각을 자주 한다. 폴 전도사가 이단을 벗어날 수 있게 해준 것은 남편 빌 목사의 정성과 사랑이었다고 생각한다.

    정죄하지 않고 판단하지 않고 늘 옆에서 폴을 지켜봐 주었다. 시골에 있는 아내와 자식들을 모두 데리고 올 수 있도록 배려해 주고, 틈틈이 주의 참된 복음을 가르쳐 주는 것을 잊지 않았다. 그러한 세월을 통해 폴은 이단에서 확실하게 빠져나올 수 있었다. 정죄하지 않고 늘 품어 주었던 남편의 사랑이 있었기에 가능했다고 생각한다. 물론 주님의 거저 주시는 은혜가 남편의 그 사랑보다 먼저였겠지만.

신학교를 다니고 의젓하게 졸업한 폴 전도사. 어제 파송 예배를 드리면서 기쁘기도 했지만 눈물이 글썽이기도 했다. 오늘이면 짐을 다 싸서 개척하는 곳으로 이사를 간다. 물론 화요일 '현지인 사역자들 모임'에는 앞으로도 올 것이다. 하지만 이제는 새벽예배 때 항상 앞자리에 앉아 은혜를 사모하던 그 모습을 볼 수는 없을 것이다.

선교사의 삶이란 무엇인가 하는 것에 대해 어제 강대상 앞자리에 앉아 생각해 보았다. 내 앞에 앉아 있는 성도들, 아이들까지 합하여 자리가 거의 꽉 찬 예배. 교인 한 명 없는 이곳에서 의자도 없이 땅바닥에 앉기도 하고, 물론 교회 건물도 없어서 우리 집 안마당에서 교회를 개척하던 시절. 6년 전이었던가.

지금은 멋있는 교회와 꽉 찬 성전. 그리고 이렇게 집에서 길러낸 주님의 일꾼들이 교회 일을 도맡아 하고, 이들이 이제 또 나가 목회를 하게 되었다. 나는 선교사의 삶을 어떻게 살아왔는가를 돌아보았다.

큰 교회를 지었는가? 그렇지 않다.

교인이 엄청나게 많은가? 역시 그렇지 않다.

하지만 사람을 키웠는가? 그렇다. 사람을 키웠다.

사랑을 배웠는가? 그렇다. 사랑을 배웠다.

사랑하는가? 그렇다. 사랑한다.

주님이 하신 그 십자가의 죽음보다 강한 사랑일 리는 없다. 그러나 이들을 사랑한다. 그냥 이들이 좋다. 우리도 사람인데 이들이 실수한 것이 없었겠으며, 나 역시 정말 짜증나는 시간들이 왜 없었겠는가?

하지만 그런 가운데 세월이 흐르면서 이들을 사랑해 가는 것을 배웠다. 나아가 내가 사랑하는 것보다 더 어마어마한 사랑을 받으면서 이곳에서 살아가게 되었다. 새벽기도에 가면 전도사님들이 나를 위해 우리 가족을 위해 기도하는 내용이 살짝 귀에 들릴 때가 있다. 웬 축복 기도를 그렇게 풍성하게 해주는지. 나는 이곳에서 사랑하며 또 사랑 받으며 선교활동을 할 수 있었다.

가끔 상상하곤 한다. 내가 이곳을 떠나는 날에 대한 상상을. 상상만 해도 지금 이 시간 눈물이 주르르 흐른다. 나의 선교사로서의 삶, 잘 살았는가?

사실 주님 앞에서 잘 살았는지는 잘 모르겠다. 내가 더 할 수도 있었는데 안주하고 그냥 만족한 것은 아닌가 하는 그런 생각도 든다. 더 열심히 키스왈리어(아프리카 언어)도 배우고 더 열심히 심방도 다니고 더 많은 돈으로 구제해 줬어야 한다는 아쉬움도 있다. 교회 전도사님들이 교회에 필요한 것들을 부탁할 때 성심껏 다 도와주기보다는 어떤 때는 무관심하게 지나가기도 했다.

그러나 후회보다는 감사한 것이 더 많다. 잘한 것도 있겠지만 부족한 것을 말하고자 하면 한두 가지이랴? 그러나 나는 감사한다. 내가 무엇인관데 그래도 주님이 나를 사용해 주신 것은 사실 아닌가? 주님을 모르던 사람들에게 주님을 알게 하는데 내가 한 몫을 한 것은 사실 아닌가?

나는 확인하는 것을 좋아하는지라 작년엔가 한번 모든 성도들에게 나를 만나고 난 다음 주님을 더 알게 되었다고 생각하면 손을 들어 보라고 했다. 전 교인들이 모두 손을 들었다. 그땐 정말 기분이 좋았다. 케냐에서 선교사의 삶을 살면서 '고맙다'는 말을 많이 들었다. 꼭 내가 고마운 일을 많이 해주어서라는 생각은 하지 않는다. 내가 좋은 사람들을 만난 덕이다.

조금만 고마운 일을 해주어도 아주 많이 고마워해 주는 그런 좋은 사람들을 만난 것이다. 그래서 참으로 복된 선교사의 삶을 살았고 지금도 살고 있다. 남편이 내 수첩 뒤편에 적어 준 글이 있다. 내게 시 형식으로 글을 써준 것인데 글을 짧게 요약해 보면 이렇다.

    이 세상에 자기 아내 같은 여자는 없다는 것이다. 세상에 많은 나무가 있지만 그 나무 가운데 우뚝 서 있는 나무가 자기 아내라고. 자기의 아내는 주는 것도 많은 사람이고 나눌 것도 많은 사람이며 아무쪼록 자기의 마음에는 이 아내를 아는 사람들이 아내에게 '고마워하는 마음'을 잊지 않고 그 순간을 아내와 나누기를 원한다는 것.

    내 아내와 같은 여자를 이 땅에서 찾을 자가 누구이뇨!

    수첩 뒤에다 써 주었기에 나는 가끔 그 시를 어디서 누구를 기다려야 한다거나 손에 갖고 온 책이 없을 때 읽곤 한다.

    남편은 나에게 참 '독특한 그리스도인(unique Christian)'이라는 말을 가끔 한다. 그렇게 당하고도 마음에 쓴 뿌리를 두지 않는 여인이라고도 하고, 그렇게 해주고 감사를 못 받으면 다시는 안 해주어도 될 것 같은데 어느새 베푸는 자리에 있다는 것이다. 늘 불평하지 않고 언제나 하나님에 관해 이야기하는 것을 좋아하는 여자라고.

    남편이 내 수첩에 그런 시를 적어 줄 때는 진심으로 나를 아는 사람들이 내가 베푼 사랑을 끝까지 잘 기억해 주기를 원하는 마음이었던 것을 알고 있다. 나는 남편의 그 바람이 이루어졌다고 생각한다. 내가 조금 베풀어도 많이 베풀었다고 감사해 하고, 나는 조금 기도해 주어도 많이 기도해 주었다고 생각해 주는 사람들이 참으로 많기 때문이다.

오늘 본문 말씀 중 동정하며 형제를 사랑하며 불쌍히 여기며 겸손하며, 악을 악으로 욕을 욕으로 갚지 말고 도리어 복을 빌라는 말씀. 이렇게 해야 내가 복을 이어받게 된다는 말씀. 아니 이러한 상황들이 내게 주어졌으므로 내가 복 받을 자격을 갖추게 된다는 것.

어제는 연합교회에서 수지침 강의가 있어 한참을 망설이다가 가게 되었다. 그곳에서 어느 사모님을 만나게 되었다. 그분은 사역과 관계에서 오는 어려움을 이야기하셨다. 그 사모님이 어려움을 느끼는 분이 나 역시 어려움을 느끼고 있던 사람이라 이야기하면서도 속으로는 조심해야 한다는 생각을 했다. 자칫 잘못하다가는 관계를 더 악화시킬 수 있기 때문이다.

피차의 결론은 무엇인가. '덕을 이루어야 한다는 것. 끝까지 관계를 잘 해야 한다는 것.'

바로 그것이다. 그것이 꼭 선교지에서만의 이야기이겠는가. 세상 모든 사람들과의 관계에 역시 적용될 것이다. 악에서 떠나고 선을 행하고 화평을 구하고 이러한 일을 좇아야 한다는 것. 남의 이야기를 자주 하면 선행할 시간이 줄어든다. 선행을 많이 하려면 남을 비판하는 것을 멈추어야 하고 남 욕하는 것을 멈춰야 한다.

그 사람이 당연히 비판받을 사람일지라도 그러한 일들에 시간을 할애하다 보면 정작 해야 하는 선행들을 하지 못하고 꼭 해야 하는 남을 세우는 일들을 못하게 된다.

주님, 오늘도 새날 최고의 날입니다. 오늘은 유스 코스타 설교안을 모두 마쳐야 합니다. 내일이 마감이죠? 대학 코스타의 모든 강의와 설교안을 다 마치고 보낼 수 있게 하심을 감사합니다.

어제는 어떤 선교사님에 대해서 짜증이 나서 뒷담화를 좀 했습니다. 음, 그래도 그만하기 다행이라는 생각에서 저를 너무 꾸짖지 않는다고는 하지만 그래도 찝찝한 것은 사실입니다. 이제 저도 그만했으면 됐으니까 앞으로는 절대로 그 일로 인해 섭섭하네 어쩌네 쓸데없는 변명은 버리게 하시고, 그럴 시간 있으면 더 부지런히 선행하고 남들 세우고 성경 읽고 기도하는 시간이 되게 하여 주옵소서. 근데요, 주님. 얄미운 작자들은 얄미움이 벗겨지는 시간이 좀 있긴 있더라고요. 한꺼번에 확 벗겨지면 그것도 좋을 텐데요.

사랑해요, 주님!

Part 2

# 하나님의 마음을 알게 하는 깨뜨리심

내가 해야 하는 '사역'보다 내 매일의 '삶'에 더 큰 관심이 있으신 나의 하나님 아버지셨다.
나는 내가 아프리카에 오면 무엇인가 아프리카를 위하여 큰일을 해내리라고 생각했다.
하지만 아프리카를 위해 내가 온 것이 아니고 아프리카가 나를 위해 있어 준 것이라는 것을 나중에야 깨닫게 되었다.

Eunice, why do you think that God has sent you from all the way America to Africa?

Chapter 01

# 선교지에서 가장 먼저 배운 언어

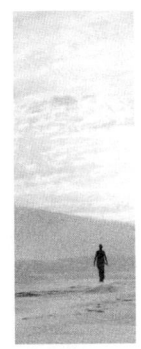

아프리카 케냐. 다른 아프리카 지역도 그렇지만 이곳은 치안이 그다지 좋지 않다. 특히 외국인은 가장 쉬운 표적이 된다. 외국에서 가져온 좋은 물건이 있을 뿐만 아니라 외국인은 어떻게 방어를 해야 하는지 잘 모르기 때문이다. 그렇기 때문에 아무리 조심을 해도 이곳에서는 한 번쯤 자기 물건을 도둑맞는 것을 감수해야 한다.

케냐 선교사로 온 지 얼마 안 되어 집에 도둑이 들었다. 크게 없어진 것은 없었지만 마당에 세워 놓은 차바퀴를 훔쳐 갔다. 다음 날 우리를 케냐로 초청했던 정운교 선교사님 사모님께 집에

도둑이 들어 차바퀴를 도둑맞았다고 말씀드렸다. 그때 사모님이 나에게 물어보셨다.

"어머! 그럼 차바퀴를 하나 훔쳐 갔나요, 두 개 다 훔쳐 갔나요?"

"하나만 훔쳐 갔는데요!"

그러자 사모님이 바로 이렇게 말씀하셨다.

"오, 그래요! 감사한 일이네요. 하나만 훔쳐 가고 두 개를 훔쳐 가지 않아서 말이에요."

하나 잃어버린 것을 안타까워해 주실 줄 알았는데, 그게 아니라 오히려 감사해 하셨다. 두 개가 아니라 하나만 잃어버린 것에 대해서.

그 후로 '아, 이것이 바로 선교지의 언어구나!'라는 것을 깨닫게 되었다. 선교지에서는 모든 것을 감사로 표현한다. 보통 생각하기에 안 좋은 일도 그만하니 감사하고, 잘 된 일은 또 잘 되었으니 감사한다. 이래도 감사, 저래도 감사 하여튼 간에 감사한다. 뿐만 아니라 '일단' 감사하며, '무조건' 감사한다. 선교지에서 이 언어를 배우자 금세 모든 상황에 적응할 수 있었다. 그냥 무조건 감사만 하면 되니 간단했다. 따지고 말고 할 것이 없었다. 집에 물이 안 나오는 경우에도 감사했다.

"물이 안 나오지만, 전기는 들어오니 감사합니다."

그러다 물은 나오는데 전기가 안 들어오면,

"전기가 안 들어와도 물이 나오니 감사합니다."

하지만 아프리카 사정은 우리의 예상을 넘어선다. 때로는 물도 안 나오고 전기도 안 들어올 때가 있으니 말이다.

그때는 "물도 나오고 전기도 들어오는 날이 더 많았으니 그 시간들을 추억하며 감사합니다!"라며 오히려 더 크게 감사한다. 나중에 이런 내용의 선교 보고를 했더니 어느 목사님이,

"그러니까 감사!"

"그러면서 감사!"

"그럴수록 감사!"

"그럼에도 감사!"

라는 구호를 알려 주시기도 했다. 구호까지 생기니 감사하는 것이 더 쉬워지기도 했다.

나의 남편 역시 감사의 언어를 사용하는 데에는 누구에게도 지지 않는다. 한 번은 화장실에 도마뱀이 나타났다. 여느 여자들이 그러하듯이 나 역시 뱀이나 파충류는 좋아하지 않는다.

"꺄악!"

소리를 질렀다.

"여보! 도마뱀! 도마뱀!"

그때 문 건너편에서 남편의 여유로운 대답이 들려왔다.

"잠언에 보면 왕궁에 도마뱀이 산다고 그러거든. 왕인 내가 이 집에 살고 왕비인 당신 또한 이 집에 살고 있으니 왕궁에 도마뱀이 사는 것은 당연한 거 아니겠어?"

그래서 그날 남편의 지혜로운(?) 대답 덕에 내가 왕비로 살고 있음을 알게 해주신 것에 감사할 수 있었다.

"감사함으로 그의 문에 들어가며 찬송함으로 그의 궁정에 들어가서 그에게 감사하며 그의 이름을 송축할지어다(시편 100:4)."

'감사'는 선교지에서 만난 새롭고 밝은 좋은 언어였다. 또 나 스스로 감사를 많이 하기도 했지만 다른 사람들로부터 감사의 인사를 많이 받기도 했다.

내가 처음 사역하던 닥터조미션센터를 그만두고 다른 곳으로 사역지를 옮겨야 했을 무렵이었다. 그곳에서 함께 일했던 현지인 몇 명이 있었는데 그 중에 모세라는 한 형제가 있었다. 그는 연구소 내에서 공장 감독을 맡아 일하는 사람이었다. 그리고 존이라는 형제는 연구소 구내 식당에서 학생들의 점심을 만들어 주는 요리사였다. 그는 시골에서 갓 올라와서 영어를 잘하지 못했다. 그리고 또 다른 형제 벤자민과 폴이 있었다. 이들은 모두 연구소 내에서 하루하루 노동을 하는 형제들이었다. 그런데 연구소가 당시 잠시 문을 닫아야 하는 상황이 되자, 전부 일자리를 잃고 마땅히 갈 곳이 없게 되었다.

그때 남편과 나는 나이로비 시내에서 살다가 그곳에서 약 한 시간 정도 운전해 들어가야 하는 리무르라는 교외로 이사를 갈 예정이었다. 우리는 마땅히 갈 곳이 없는 그들과 함께하기로 결정을 하고 그들과 복합주택에서 같이 생활을 하게 되었다. 우리는 그들에게 신학을 가르쳤고, 이 형제들은 나중에 우리 부부가 개척한 교회의 현지인 담당 교역자들이 되었다. 그 당시 결혼을 안 했던 벤자민은 결혼을 해서 분가하게 되었고, 존과 모세는 결혼을 했지만 10년이 넘는 세월이 지난 지금도 우리와 함께 살고 있다.

이들은 아들을 낳으면 남편의 이름을 따서 '윌리엄(William)'이라고 짓고, 딸을 낳으면 내 미국 이름인 '유니스(Eunice)'라고 지었다. 그 이유를 물어보면 한결같이, 만약에 우리가 선교지를 떠나더라도 우리를 기억하고 싶기 때문이라고 한다. 그런 그들의 한 마디가 귀하고 감사하기만 하다.

이렇게 오랜 시간 함께한 현지인 동역자들이 3년 전 크리스마스 때 나에게 하얀 봉투를 하나 내밀었다. 선교사가 현지인들에게 봉투를 주는 일은 흔한 일이지만, 현지인이 선교사에게 봉투를 주는 일은 거의 없는 일이라 이게 웬 봉투냐고 했다.

"이전에 우리는 정말 우리가 아무것도 아닌 사람들이라고 생각했습니다. 꿈도 없었고 비전도 없었습니다. 무엇이 되고 싶은지 그런 생각도 없었습니다. 그러나 그때 선교사님 부부가 우리들을 인도해 주었고 오랜 시간 동안 우리의 부족함을 참아 주고 믿어 주었습니다. 오늘날 이렇게 각 교회를 담당하는 교역자가 되기까지 키워 주신 것에 진심으로 감사합니다. 우리는 이제 어엿하게 사람들을 주님의 말씀으로 양육하는 리더의 자리를 맡게 되었습니다. 이 자리에 있기까지 기다려 준 선교사님 부부가 정말 고맙습니다. 그 마음을 표현하기 위하여 약소하지만 준비한 선물입니다. 물론 금액은 많지 않습니다. 그러나 우리들의 감사의 표시로 받아 주시면 고맙겠습니다."

식탁 위에 놓인 그 하얀 봉투를 물끄러미 바라보며 마음이 짠해 왔다.

한편 나는 하늘나라에 올라가서 주님께 얼마나 큰 하얀 봉투를 드려야 할까를 생각했다. 오늘날 내가 주의 종으로 있기까지 그분의 인내하심, 오래 참으심, 인도하심, 기다리심에 대해 얼마만큼의 감사의 말씀을 올려야 할까.

선교지에 살면서 감사가 능력이라는 것을 배우게 되었고 감사는 하면 할수록 더더욱 풍성해지는 것임을 배웠다. 감사는 무조건 하고 볼 일이라는 감사의 당위성도 깨달았다.

또 선교지에서 조그만 것을 베풀어도 커다란 감사의 말을 듣는 기회가 잦아졌다. 감사에 대한 성의 표시로 받는 물질이 없다 할지라도 물질로는 살 수 없는 사람의 마음을 갖게 되었으니 감사 받는 내가 더 감사할 수 있었다.

나는 이곳에서 하나님께 '무조건 감사'를 드렸고, 사람들로부터는 '과분한 감사'를 받았다. 이렇듯 하나님은 선교지의 모든 언어를 '감사'로 통일시킴으로써 다른 나라, 다른 피부색, 다른 언어를 가진 우리들을 주 안에서 하나가 되게 하셨다.

Chapter 02

# '사역'보다
# 내 '삶'을 원하신 하나님

아프리카에서 선교 사역을 시작한 지 한 달쯤 되었을 때, 선배이신 정운교 선교사님은 우리 부부가 여러 선교 현장들을 돌아보며 배우기를 권하셨다.

여러 선교 현장을 둘러보던 중 어느 날 우리 부부는 마사이 부족을 방문하게 되었다. 그곳에서 정운교 선교사님이 개척해 놓은 교회의 현지인 교역자 집에 식사 초대가 있어서 들르게 되었다. 마사이 부족의 현지인 교역자의 가정에서 준비한 식사는 첫눈에 거부감을 일으켰다. 그땐 아프리카 음식에 적응이 잘 안 되어 있던 때라 음식을 보는 즉시 내가 즐겨 먹는 음식이 아니라는 것,

즐기는 정도가 아니라 도저히 먹을 수 없는 음식이라는 것을 알 수 있었다.

토마토를 넣어서인지 색깔은 좀 불그스름했고 감자를 으깬 것처럼 질퍽한 느낌이 들었다. 무엇을 넣었는지는 정확히 모르겠지만 하여튼 얼른 보기에 한국의 '개밥'을 연상케 했다. 솔직한 심정으로 적어도 그때는 그랬다. 물론 그들의 문화를 이해하고, 그들의 식생활을 받아들인 지금은 그렇지 않다.

당시 내 맘속에선 그 음식에 대한 거부감이 떠나지 않았지만, 선교사는 자기 눈앞에 놓인 음식을 무조건 잘 먹어야 '좋은 선교사'라는 말을 어디선가 들은 것 같아 그 음식을 다 먹었다.

그리고 한 번만 먹으면 음식이 맛있다는 말이 '인사말'처럼 들릴 것 같아 한 그릇 더 달라고 해서 두 그릇을 먹었다. 그 음식을 먹고 집으로 오는 길은 약 세 시간 정도의 비포장도로를 달려야 했다. 덜커덩거리는 도로를 운전하여 집에 도착하니 머리가 지끈지끈 아프고 속이 울렁거렸다. 억지로 음식을 많이 먹고 덜컹거리는 차 안에서 세 시간을 있었더니 탈이 난 것 같았다.

처음엔 견딜 만한 것 같아 끝까지 견디려고 했으나 밤 12시가 다 되어서는 도저히 견딜 수 없는 지경까지 이르렀다. 결국에는 나이로비 병원에 응급 후송되었다. 도착하자마자 나를 진찰한 의

사는 5분만 늦었어도 생명이 위독할 뻔했다고 말했다. 급성맹장염이었던 것이다. 곧바로 수술실로 실려 들어가 수술을 받았다. 다음 날 아침이 되자 마취 주사가 풀리면서 배가 살짝 아파 왔다. 하지만 그것보다 더 큰 고통이 있었으니, 밤새도록 모기에 뜯긴 것이다.

케냐에서 제일 좋은 병원이라는 나이로비 병원이었음에도 불구하고 병실에 있는 모기장에 다 구멍이 나 있었다. 그 구멍을 통해 들어온 모기들에게 밤새도록 시달린 나는 팔과 다리는 물론이고, 눈과 얼굴까지 모기가 피를 빨고 지나간 흔적들이 남아 있었다. 크고 작게 부어오른 상처들 때문에 내 얼굴은 그야말로 형편없이 일그러져 있었다. 마치 맹장 수술이 아니라 얼굴을 수술해야 할 사람 같았다.

그 와중에 선교사님들이 병문안을 온다고 하자 나는 이미지 관리를 하겠다고 남편에게 화장품 케이스를 찾아 달라고 하기도 했다. 그러고 나서 퇴원하는데 얼굴은 모기한테 뜯겨서 붓고 따끔거리고 배는 마취가 풀려 아파 왔다. 그때는 왜 그리 서글프던지…….

도로는 움푹 파인 곳이 많아 덜컹거릴 때마다 수술 받은 배가 아파 왔다. 지금이야 맹장 수술을 레이저로 짧은 시간 안에 해낸다지만, 그 당시 내가 받은 맹장 수술은 칼로 내 배의 가장 오른쪽부터 가장 왼쪽까지 다 찢은 후에 맹장 하나를 꺼내는 그런 큰 수술이었다.

의사는 5%의 감염 확률이 있다고 했다. 하지만 평소에도 안이한 성격의 나는 그 5%에 들 리 없다고 확신했다.

수술 부위가 다 나아야 할 일주일의 시간이 지난 후, 내 배는 마치 임신한 것처럼 빵빵하게 불러오기 시작했다. 남편은 그것이 '감염'이라며 얼른 병원에 가자고 했다. 하지만 나는 내가 그 5%의 감염에 걸릴 일이 없으니 아무 걱정할 필요가 없다고 그냥 낫는 과정일 거라고 말했다. 그러나 남편은 고집스러운 내게 웃으며 바로 이런 것을 감염이라고 한다며 빨리 병원에 가자고 했다. 결국 남편에게 순종하여 병원에 갔더니 의사는 딱 한 마디로 말해 주었다.

"감염입니다!"

그러면서 나에게 물었다.

"출산 경험이 있으신가요?"

그때는 아직 수진이를 낳기 전이어서 그런 경험은 없다고 했다. 그러자 "아기 낳는 것보다는 조금 덜 아프지만 좀 아프기는 할 겁니다."라고 말하는 것이었다. 나를 옮겨 놓은 곳은 수술실이었던 것 같은데 마취제도 놓지 않고 곧바로 맹장 수술 받은 부위에 의사가 손을 갔다 댔다. 그러더니 갑자기 수술 부위에서 피고름을 짜내는 것이었다. 나는 병원이 떠나가라고 소리를 질렀고, 의사는 내 고통을 조금이라도 덜어 주려고 했는지 계속 내게 질문을 했다. 어디서 왔느냐, 이름이 뭐냐 등등.

이름이 유니스라고 하니까 한국 이름은 뭐냐고 물어보았다. 의사는 그런 식으로 나의 신경을 분산시키려 했다. 아무튼 의사의 노력에도 불구하고 나는 내 배에서 고름이 빠져 나가는 것을 매우 실감나게 느끼고 있었다. 의사는 내 배를 누르면서 고여 있는 모든 피고름을 일일이 뽑아내는 것 같았다. 한참 동안 고함에 고함을 지른 후, 쓰러질 듯 기운이 다 빠진 채로 병원을 나왔다.

여기저기 파인 나이로비의 도로 상황은 평소와 다름없었다. 하지만 마취제도 안 맞고 감염된 맹장 수술 부위에서 피고름을 짜고 집으로 돌아오는 길에는 더없이 원망스럽기 짝이 없었다. 그렇게 집에 돌아와서 거의 한 달을 앓았던 것 같다.

그렇게 누워 있다 보니 이런 생각이 들었다.

'난 사역을 열심히 하러 아프리카에 왔는데 이게 뭐야? 하나님이 나를 사용하셔서 아프리카를 뒤집는 그런 역사를 일으켜 주시기를 기도했는데, 이게 뭐냐고? 아프리카를 뒤집어엎는 역사가 나를 통해 이루어져? 상처받은 배 때문에 내 몸 하나 제대로 뒤집지 못하는 상황에서 내가 도대체 아프리카에서 선교사로서 할 수 있는 게 뭐란 말인가. 하나님은 왜 나를 아프리카로 오게 하셨을까?'

나는 한국어와 영어가 가능하기 때문에 미국에서 이중 언어를 하는 교육 전도사로 활동했다. 그러니 내 생각에 나는 미국에서도 참 할 일이 많은 사람이었다. '도대체 왜 나를 아프리카까지 부르셨나.'라는 생각이 떠나지 않았다. 오히려 아프리카에서는 내가 할 수 있는 일도 별로 없었다. 적어도 그 당시에는 말이다. 몸까지 그렇게 축나 버리니, '왜 내가 아프리카에 와서 급성맹장염에 걸리고 감염에 걸려서 이렇게 누워 있어야 하나?'라는 의문이 떠나지 않았다.

'도대체 왜 내가 아프리카에 왔지?'

몸이 아프니 친정 엄마가 왜 그렇게 보고 싶은지 그때는 아프리카에 온 지 한 달쯤 되었을 때라 가족들이 더욱 보고 싶었다. 신세가 처량하다는 생각이 들었고 서글픈 마음도 들었다. 아픈데 외지에서 누가 나를 위로해 줄 수 있는 것도 아니고 정말 슬픔 그 자체였다. 서글픈 마음으로 주님께 여쭈었다.

"주님! 저를 왜 부르셨어요? 선교지에 부르셨으면 선교 일을 시키시지 이렇게 아프면 선교 일도 할 수 없잖아요. 이럴 거면 이곳으로 부르지 마시고 제가 있던 미국에서 그냥 하던 사역 열심히 하는 것이 훨씬 더 좋을 걸 그랬어요."

그때 성령님이 내 마음속에 말씀하셨다.

"은미야! 선교는 내 일이란다. 선교는 내가 하는 것이란다."

그때 나는 얼른 대꾸했다.

"선교가 주님의 일이라고요? 선교는 주님이 하신다고요? 그럼 주님 혼자 하시지 저는 왜 부르셨어요? 저는 제가 할 일이 있을 줄 알고 이곳에 왔는데 그렇게 말씀하시면 저는 무엇을 해야 하는 거죠?"

나의 대꾸가 주님 입장에서는 황당하고 버릇없어 보였을 수도 있었다. 하지만 주님은 나의 미성숙함을 아시고 나에게 친절히 대답해 주셨다.

"선교는 내 일이라 내가 하지만 너는 너의 일이 있다. 너의 일은 다른 것이 아니란다. 네가 이곳에 살면서 '그리스도인으로서 빛된 자의 삶'을 사는 것이란다. 그것이 바로 너의 일이란다. 그 일을 하라고 너를 이곳으로 불렀단다. 나는 내 일을 하고 너는 너의 일을 하고!"

나는 그 말씀을 들은 후 참 많이 울었다. 내가 해야 하는 '사역'보다 내 매일의 '삶'에 더 큰 관심이 있으신 나의 하나님 아버지셨다. 나는 내가 아프리카에 오면 무엇인가 아프리카를 위하여 큰일을 해내리라고 생각했다. 하지만 아프리카를 위해 내가 온 것이 아니고, 아프리카가 나를 위해 있어 준 것이라는 것을 나중에야 깨닫게 되었다.

아프리카에 나를 보내신 것은 어떤 큰일을 해내게 하려는 것이 아니라, 부족하고 어리석고 연약한 나를 아프리카로 부르셔서 하나님의 뜻을 가르치시기 위한 것이었다. 나를 변화시키고 깨닫게 하기 위한 하나님의 선하신 계획이었다.

나는 항상 내가 하나님을 위해 뭔가를 해야 한다고 생각했다. 하지만 그분에게는 그러한 '사역의 열매'를 맺는 것보다 내가 예수 그리스도의 장성한 분량까지 '성장'하는 것에 대한 기대가 더 중요했다는 것을 깨달았다.

그렇게 하나님이 나에게 말씀해 주신 그날 마룻바닥에 무릎을 꿇고 이렇게 기도했다.

"주님, 저는 이 시간까지 참으로 다양한 기도를 많이 했습니다. 중생의 기도, 회개 기도, 서원 기도와 같은 여러 종류의 기도를 드렸습니다. 오늘 주님께 새로운 기도를 하나 하겠습니다. 제 생명을 드릴 테니 저로 하여금 빚된 그리스도인의 삶을 살도록 도와주옵소서."

나는 그 기도를 하면서 참으로 많이 울었다. 그리고 깨닫게 되었다. 내가 얼마나 '나 중심'의 신앙생활을 해왔는가 하는 것을. 그야말로 '일 중심', '사역의 성취감'으로 인한 만족을 위해 사역자의 길을 걸어왔다는 것에 대해 생각했다.

만약 선교지에 온 지 한 달 만에 겪은 육체적·정신적 고통으로 인한 배움이 없었다면, 난 아마 아직까지도 빛된 그리스도인의 삶의 중요성에 대해 깨닫지 못했을 것이다. 그리고 여전히 '사역'만을 중시하며 일 중독자로 살았을지도 모르겠다.

물론 지금도 내 삶이 주님이 바라신 '빛된 그리스도인의 삶'으로서 최선을 다한 삶이라고 말할 수는 없다. 하지만 당시 그러한 깨달음을 주셨기에 부족하지만 나름대로 최선을 다하는 노력을 할 수 있었다. 또 적어도 주님이 내게 바라시는 것이 무엇인지는 정확히 알고 최선을 다하고 있다.

요즘도 나는 결코 헛된 일에 열심을 다하고 있지 않은 것에 대해 하나님께 감사드린다. 주님이 원하시는 것을 분명히 알고 그것을 향해 최선을 다할 수 있음에 감사드린다. 그 시절 나의 무지함을 긍휼히 여기시고 주님의 뜻을 알려주신 하나님께 더욱더 감사하다.

Chapter 03

# 돈이 없어도
# 꿀 수 있는 꿈

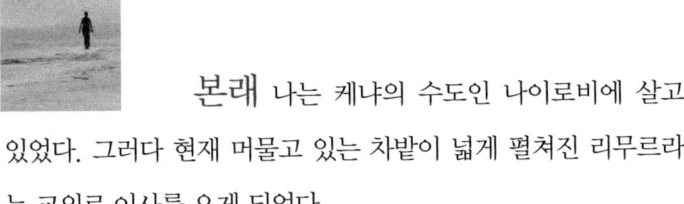

본래 나는 케냐의 수도인 나이로비에 살고 있었다. 그러다 현재 머물고 있는 차밭이 넓게 펼쳐진 리무르라는 교외로 이사를 오게 되었다.

우리가 이곳으로 사역지를 옮긴 데에는 특별한 이유가 있다. 평소 남편은 교외에 선교센터를 짓고자 하는 바람이 있었다. 아이들을 데리고 수양회를 갔던 남편은 차밭이 넓게 펼쳐진 그곳이 맘에 들었다. 그래서 사람을 통해 그 근처에 파는 땅이 있는지 알아보았다. 그 부탁을 받은 사람은 친절하게도 땅을 판다는 주인의 집까지 남편을 데리고 가 주었다.

그렇게 해서 남편이 만난 할머니는 86세의 영국 할머니였다. 할머니는 평소의 기도 제목이 옆집에 예수님을 잘 믿는 이웃이 와서 사는 것이었다고 한다. 그래서 그날 목사인 우리 남편을 만나고는 남편이 자기가 내어 놓은 땅을 얼른 사주기를 바랐다고 한다. 할머니의 이웃사람을 구하는 기도에도 귀 기울이시는 그야말로 섬세하신 하나님이다.

하지만 땅을 산다는 게 마음만으로 되는 것은 아니지 않는가. 거래에는 분명 돈이 필요했다. 값을 물어보니 땅 2에이커(2천 평)가 당시 6만6천 달러가량 되었다. 그런데 남편과 나는 당시 땅을 살 수 있는 돈이 정말 단 한 푼도 없었다. 선교비는 매달 선교활동으로 써버리니 따로 땅을 사기 위해 돈 모으고 그럴 여유는 없었다.

남편은 기도해 보겠다고 하고 할머니와 헤어진 후 7일간 금식에 들어갔다. 할머니를 다시 만나기로 한 날, 할머니는 돈을 갖고 왔냐고 물었다. 남편은 아직까지 준비된 돈은 없다고 말했다.

대화 뒤에 할머니께서는 점심을 함께 먹자고 권유했다. 하지만 남편은 점심을 먹지 않겠다고 했다. 할머니는 이내 "당신 금식하는군요?"라고 확신에 찬 어조로 물었다. 하지만 남편은 그것은 묻지 말아 달라고 하면서 하여튼 점심은 먹지 않겠다고 했다. 이런 남편이 맘에 드신 할머니는 내심 그가 꼭 이웃이 되기를 바라셨다. 그래서 땅값을 깎아 주겠다고 제안하셨다.

마침 다른 땅을 팔면서 이익을 많이 남겼기 때문에 남편에게 팔 땅은 손해를 보아도 괜찮다며 땅값을 반이나 깎아 주겠다는 파격적인 제안을 하셨다. 하지만 그렇게 깎아 준다고 해서 없던 돈이 금방 생기겠는가?

땅값이 단 한 푼도 없는 것은 마찬가지 상황이었다. 할머니는 남편에게 그렇게도 돈이 없냐면서 단 얼마라도 계약금으로 걸어 놓으면 어떻겠냐고 하셨다. 할머니의 깊은 배려와 이해에도 불구하고 우리는 단 얼마의 계약금도 내놓을 형편이 못 되었다.

계속해서 돈이 없다는 말을 하기가 너무 미안해진 남편은 할머니께 이제 다른 사람에게 땅을 파시는 게 좋을 것 같다는 말을 하기 위해 마지막으로 만났다. 그러자 할머니께서 물어보셨다.

"나이로비에서는 한 달에 방값을 얼마나 내고 있나요?"

그때 우리는 나이로비에서 한 달에 약 400달러의 월세를 내고 있었다(이것도 10여 년 전 이야기이고 요즘 나이로비의 렌트비는 그 배로 뛰었다). 할머니께서는 그러면 그 돈을 당신께 다달이 내고 1년 안에 땅값을 지불해도 좋다고 제안하셨다. 그런 할머니의 파격적인 제안으로 인해 우리는 이사를 오게 되었다.

이웃에 예수 잘 믿는 사람이 오기를 바라셨던 할머니의 기도와 교외에 선교센터를 세우고 싶어 했던 남편의 기도가 동시에 응답되는 순간이었다.

그 당시 한국의 21C 부흥협회에서 아프리카 케냐로 선교 집회를 왔는데, 그 일행 가운데 전주창성교회의 담임인 김현종 목사님이 계셨다. 나는 통역을 맡아 그분을 가까이서 뵙고 이야기를 나눌 수 있었다. 그래서 목사님이 한국으로 돌아가시기 전에 우리가 살 땅을 보여 드릴 수 있는 기회가 생겼다. 목사님은 그때까지만 해도 나를 따로 도와주시겠다는 말씀은 없으셨다. 그런데 나중에 한국으로 돌아가셔서 연락이 왔다. 비행기를 타고 한국으로 돌아가는 길에 성령님께서 목사님에게 이렇게 말씀을 하셨다고 한다.

"임은미 선교사는 강의 사역만 해도 되는데 저렇게 사서 고생을 하려고 선교센터를 짓는다고 하니 임 선교사를 도와주도록 해라!"

그래서 교회에 돌아가셔서 전주창성교회 성도들에게 '한 성도 한 평씩 땅 사주기' 헌금을 모으셨다고 한다.

우리 여의도순복음교회는 해마다 5월에 선교대회가 있다. 그때 모든 선교사들이 본국에 들어와 선교 보고도 하고 풍성한 대접을 받고 쉼을 얻어 영적으로 재충전을 한 후 선교지로 돌아가는 것이다.

그때도 5월 선교 대회 때인지라 한국에 귀국했더니 전주창성교회에서 연락이 왔다. 전주로 내려오라는 것이었다. 목사님을 뵈러 전주에 내려갔더니 목사님이 이 세상에 수고하는 선교사가 나 하나인 것처럼 거창한 환영식을 해주셨다. 교회의 모든 장로님들과 권사님들이 꽃다발을 갖고 나오셨다.

김현종 목사님은 전 성도들에게 내가 앞으로 아주 훌륭한 선교사가 될 것이라고 했다. 당시 햇병아리 초년병 선교사인 나에게 칭찬과 격려를 아끼지 않았다. 이렇게 나를 위해 기도해 주시고 믿어 주시고, 성도들 앞에서 선포까지 해주시고, 시시때때로 격려를 아끼지 않은 김현종 목사님은 선교사인 내 삶에 두고두고 감사한 분이 아닐 수 없다. 그렇게 전주창성교회에서 땅값으로 걷힌 헌금이 5천 달러였다.

선교 대회 기간에 한국에 들어오면 이 교회 저 교회에서 설교나 선교에 대해 보고할 기회가 주어진다. 그때 받은 강사비를 땅값으로 지불하려고 모두 모았다. 그 돈도 약 5천 달러 정도 되었다.

그리고 케냐로 돌아오기 전 미국에 들렀다. 선교지에 있다 보니 부모님 얼굴 뵙기가 여간 힘든 것이 아니다. 그래서 케냐로 돌아오기 전에 항상 미국에 들른다. 그렇게 부모님을 뵈러 친정에 갔는데 어떤 교포 한 분에 관한 이야기를 듣게 되었다. 그분은 한인 교회가 자주 갈라지는 것이 마음이 아파서 한인 교회를 다니지 않고 미국 교회를 다니게 되었다고 했다. 그런데 왠지 미국 교회에는 십일조나 선교 헌금을 내고 싶은 마음이 안 들어서 선교 헌금과 십일조 헌금을 따로 모아 놓았다고 했다. 이렇게 모아진 헌금을 어디에 어떻게 써야 할지 기도하고 계셨던 것이다. 그런데 기도하는 중에 내 이름 석 자가 떠오르셨다고 한다. '임은미'라는 내 이름이 말이다.

참 신기하게도 나는 그분과 특별한 인연이 없다. 그분은 3년 전 어느 한인 교회에서 내가 선교 보고를 하는 것을 들은 적이 있으셨단다. 우리 인연은 3년 전 그것이 전부였다. 그런데 헌금을 보내줄 사람을 위해 기도할 때 내 이름이 떠오른 것이다. 하지만 이름만 떠올랐을 뿐 연락처는 알 수 없었기에 나랑 연락할 수 있는 방법을 찾으셨다. 마침 내 연락처를 알기 위해 연락한 전도사님이 나를 알고 있던 터라 나와 전화 통화를 할 수 있었다. 그분을 만났더니 나에게 봉투 두 개를 내밀면서 말씀하셨다.

"하나는 십일조이고 하나는 선교 헌금입니다."

그때 주신 돈이 1만 달러 정도 되었다.

한국에서 마련한 돈 1만 달러와 미국에서 채워진 1만 달러까지 전부 2만 달러를 들고 케냐로 돌아갔다. 그러니까 할머니께 드릴 수 있는 돈이 2만 달러가 생긴 것이다. 하지만 3만 3천 달러를 드려야 하니까 아직도 1만 5천 달러가 부족했다. 당시에는 은행에 돈을 넣어두면 이자를 많이 줄 때라 그 돈을 은행에 두고 이자를 불려서 연말에 돈을 다 모은 다음에 갖다 드릴 수도 있었다. 하지만 할머니가 은행에 넣어 이자를 가질 수 있도록 얼른 이 돈이라도 갖다 드리는 게 맞는지 고민이 되었다. 고민 끝에 남편과 나는 우리를 많이 배려해 주신 할머니께 고마움의 표시로 이 돈을 먼저 드리기로 했다.

남편이 그 돈을 할머니께 갖다 드렸더니 할머니께서 물으셨다.
"이 돈을 은행에 넣어 두면 이자가 생기는 것을 모르나요?"

우리가 그것을 모를 리 없었기에 남편은 지금껏 우리를 배려해 주신 할머니께 참으로 고마워, 할머니에게 은행 이자까지 드리고 싶었다고 말씀드렸다. 그리고 잔금은 연말까지 어떻게 하든 마련해 드리겠다고 했다. 그랬더니 할머니는 그 말에 감동을 받아서 잔금은 다 필요 없다고 하시면서 이것으로 충분하다고 하는 것이 아닌가. 그러면서 이제 그 땅은 모두 우리의 것이라고 말씀하셨다.

6만6천 달러의 땅을 2만 달러를 주고 갖게 된 것이다. 꿈! 돈이 없어도 꿀 수 있고, 꿈이 있으면 필요한 돈은 하나님이 채워 주신다는 것을 배울 수 있었다. 그때에 땅과 함께 있었던 집은 너무나 작은 집이었기 때문에 남편과 나, 그리고 내 딸 수진이 세 식구가 살기에도 부족했다.

그러나 땅을 산 후부터는 그 땅에 건물을 더 지어도 되고 건물을 넓혀도 되니 그때부터 건물을 지을 헌금을 모으기 시작했다. 가장 먼저 친정어머니에게 전화를 했다.

"엄마! 얼마 전 곗돈 탄 거 있죠? 딸한테 보낸다고 생각하지 말고 선교 헌금 보낸다고 생각하고 그 돈 다 보내 주세요! 땅 샀으니 이제 건물을 지어야 하거든요. 엄마는 딸을 선교사로 보낸 거 복이에요, 복! 딸이 선교사가 아니었으면 어디 선교 헌금 내고 싶은 마음이 저절로 나겠어요? 엄마는 복 많이 받을 거예요. 선교 헌금 많이 내서!"

시집간 딸들은 다 도둑이라는 옛 말이 있는가. 바로 나를 두고 하는 말 같았다. 하지만 이렇게 경건하고 예쁜 선교사 도둑이면 좋지 않겠는가.

이렇게 반 강제로 친정엄마에게 선교 헌금 보낼 것을 추천하였더니, 선교사의 어머니답게 웃으시면서 알았다고 하셨다. 그래서 오랫동안 부으신 곗돈을 받자마자 바로 나에게 보내 주셨다.

그 후부터는 정말 신기할 정도로 헌금이 저절로 모이기 시작했다. 고모 친구 한 분은 아버님이 돌아가시면서 유산을 남기셨는데, 평소에 아버님께서 헌금 내는 것을 너무 아까워하셨다고 한다. 그것을 너무 안타깝게 여긴 그 친구 분이 유산의 10분의 1을 아버님 이름으로 헌금하기를 원하셨다. 어디에 헌금을 해야 할까 고민하시던 중에 친구의 조카인 내가 선교사인 것을 알고 나에게 유산의 10분의 1을 보내 주셨다.

무일푼에서 시작한 우리 부부의 꿈은 그렇게 이루어져 갔다. 돈 없이 꿈만 꾸면서 시작하여 산 이 집에 지금은 22명이 살고 있다.

내가 말한 돈의 액수가 어떤 사람에게는 그렇게 크지 않은 금액일 수도 있다. 그 정도의 액수는 원래 쉽게 채워질 수 있는 거라고 치부해 버릴 수도 있겠다. 하지만 돈의 액수를 떠나서 꿈을 이루어 주시는 하나님을 경험했고, 꿈이 이루어지는 과정에서 하나님과 만든 '추억'이 있어 나에겐 이 꿈들이 보배롭기만 하다.

하나님은 이처럼 작든 크든 우리의 꿈에 귀 기울여 들어주시는 분이다. 우리가 하나님이 주신 꿈을 믿고 순종하면 그분이 일하신다.

많은 사람들은 주의 일을 하는 것이 어려울 것이라고 얘기한다. 항상 돈도 부족하고 안정된 미래가 보장된 것도 아니고, 특히 선교사는 낯선 환경에서 때로는 생명의 위험에 처하면서까지 주의 복음을 전해야 하니 너무나 고되고 힘든 일이라는 것이다.

하지만 내가 경험한 하나님은 결코 어렵게 일을 하시는 분이 아니었다. 나는 그저 꿈꾸고 믿으면 하나님이 모두 채워 주셨다. 사실 이보다 더 쉬운 일이 어디 있겠는가. 또 주님의 일을 하니 이 땅에서의 성공은 둘째 치고, 하늘에 얼마나 영광이 되겠는가를 생각해 보라.

그래서 나는 주님의 일을 하는 것이 제일 쉽다. 세상일은 능력과 재물이 필요할지 모르지만, 하나님의 일은 그저 꿈꾸기만 하면 되니 말이다. 그래서 나는 오늘도 꿈을 꾼다. 그 꿈을 이루어 주실 주님을 100% 신뢰하기 때문이다. 나의 새로운 꿈을 또 어떤 방식으로 이루어 가실지 궁금하고 설레는 마음뿐이다.

Chapter 04

# "유니스~!"
# 나를 찾는 사람들

　　　　　　내가 사는 곳은 차밭이 있는 곳이다. 이 곳의 주민들은 보통 차밭에서 찻잎을 따서 고용주에게 찻잎의 무게에 따라 노동비를 받는다. 이렇게 찻잎을 따는 일을 하는 사람들이 마을을 이루어 살고 있다. 내가 살고 있는 곳은 덥기는 하지만 습기가 없어서 해가 질 때쯤이면 날씨가 선선해진다. 나는 해가 뉘엿뉘엿 지기 바로 전에 기도 산책을 나간다. 하루를 마치는 시간에 하루 동안 있었던 일들을 주님께 이야기하고 주님으로부터 시시때때로 필요한 위로와 격려, 새 힘이 되는 메시지 등을 공급받는 시간이다. 그렇게 기도 산책을 하며 천천히 차밭으로 나 있는 샛길을 걷다 보면 마을에 살고 있는 아이들이 멀리서 나를 보게 된다.

대부분의 아이들이 우리 교회에 나오기 때문에 내가 선교사라는 것과 내 이름을 모두 알고 있다. 아이들은 내가 걷는 모습을 보면 곧 나를 반기며 내 이름을 부른다.

"유니스~!"

"유니스~!"

그 아이들이 내 이름을 부르면 목소리가 메아리가 되어서 멀리멀리 퍼져 나간다.

"유니스~!"

"유니스~!"

그냥 내 이름을 부르는 것이 아니라 '부르짖음'을 연상케 한다. 나는 그 아이들이 내 이름을 부를 때 떠오르는 성경 말씀이 있다.

"너는 내게 부르짖으라. 내가 네게 응답하겠고 네가 알지 못하는 크고 은밀한 일을 네게 보이리라(예레미야 33:3)."

내가 예전에 별로 좋아하지 않는 기도법이 하나 있었다. 바로

'주여! 삼창' 하는 기도였다. 교회에서 기도를 인도하시는 분이 "주여! 삼창하고 기도하시겠습니다!"라고 말하면 속으로 '아이고, 무슨 기도를 주여 삼창 하고 하나.'라는 마음이 들었던 것이다. 하지만 나의 이런 생각과 상관없이 교회에서는 전 성도의 "주여! 주여! 주여!" 외침과 함께 통성기도가 시작되곤 했다. 나는 속으로 '기도 방식 한 번 촌스럽네.'라고 생각했다.

그런데 아프리카에 와서 차밭에서 아이들이 내 이름을 부르는 것을 보고 '주 삼창' 기도에 대한 생각이 달라졌다. 촌스럽기는커녕 매우 정겹게 느껴졌다. 왜냐하면 아이들이 내 이름을 "유니스!"라고 부를 때 내 마음에 아이들을 향한 좋은 생각들이 마구마구 일어나는 것을 경험했기 때문이다.

아이들은 내 이름을 부를 때 "유니스~! 나 신발이 없어요. 신발을 사주세요."라는 말을 한 적이 없다. 아이들은 또한 내 이름을 부르면서 "유니스! 나 배 고파요. 먹을 것을 주세요!"라는 말 역시 한 적이 없다.

그뿐 아니다. 아이들은 내 이름을 부르면서 놀이터를 만들어 달라든가 다닐 학교가 없으니 학교를 만들어 달라는 등의 요구를 하지 않는다. 그들은 그냥 멀리서 나를 보고 반가운 마음에 내 이름을 부르는 것이다. 아이들이 큰 목소리로 나를 반갑게 부를 때 그 목소리가 차밭 구석구석에 울려 퍼진다.

그럴 때면 내 마음속에 아이들을 향하여 '저 녀석들 신발이 없던데, 신발을 사주어야지. 저 녀석들 뛰어놀 놀이터도 없는데 얼른 놀이터도 만들어 줘야지. 유치원도 없으니 유치원도 만들어 줘야지…….'라는 생각이 저절로 든다.

아이들이 내 이름을 부를 때 그 아이들은 아무런 필요를 말하지 않았지만 나는 그 아이들을 보며 그런 생각을 하는 것이다.

내 이름을 부르는 그 아이들을 향한 나의 선한 생각들! 그 생각들을 헤아리면서 나는 예레미야 33장 3절 말씀을 쉽게 떠올리게 되었다. 나를 향해 부르짖으라는 말씀, 그런 자에게 내가 응답하겠고, 네가 알지 못하는 크고 은밀한 일들을 보이리라는 약속은 결코 헛된 것이 아니었다.

사람인 나조차도 나를 반갑게 부르는 이들을 향해 그들이 요구하지도 않은 일들을 계획하고 선을 베풀고자 하는데, 신실하신 하나님은 어떠하겠는가. 우리의 예상과 필요를 뛰어넘어 채워 주실 것에 대한 확신이 오지 않는가.

이런 경험을 통해 나는 '주 삼창' 기도가 주님의 마음을 움직일 수 있다는 것을 배우게 되었다. 내가 "주여! 주여! 주여!" 그분의 이름을 부를 때 내가 굳이 어떤 것이 필요하다 말하지 않아도 주님의 생각 가운데 '유니스를 위해 이것저것 해줘야겠구나.'라는 수많은 선한 생각들을 떠올리실 것이다.

시편 139편 17, 18절에는 "하나님이여, 주의 생각이 내게 어찌 그리 보배로우신지요. 그 수가 어찌 그리 많은지요. 내가 세려고 할지라도 그 수가 모래보다 많도소이다. 내가 깰 때에도 여전히 주와 함께 있나이다."라는 말씀이 있다.

바다의 모래알의 수! 나는 그 성구를 떠올리면서 한번은 바닷가에서 모래 한 움큼을 쥐어 내 손바닥에 놓고 세어 보려고 한 적이 있다. 겨우 한 움큼인데도 나는 모래알을 다 셀 수 없었다. 하지만 모래알은 내 손바닥에 있는 것이 전부가 아니다. 태평양, 대서양, 한국, 미국, 아프리카 등 세계의 모든 바닷가의 모래알을 다 세어 본다면 얼마나 많겠는가. 그런데 우리를 향한 하나님의 생각은 그 셀 수도 없는 수많은 모래알을 뛰어넘는 보배로운 것이다.

우와! 정말 놀랍지 않은가! 하나님은 우리가 생각하는 선한 생각의 수준을 과감히 뛰어넘으신다. 우리가 말로 표현할 수 없을 정도로 하나님은 우리를 향해 베푸시고 사랑하시는 것이다.

이 말이 믿어지지 않는다면 사람을 생각해 보라. 나 역시도 부족하고 연약하여 누군가에게 선함을 베푸는 것에 한계가 많은 존

재이다. 하지만 그런 나도 내 이름을 부르는 아이들을 위해서는 선한 계획들이 줄줄이 사탕처럼 떠오른다. 이건 내가 특별히 착해서도 아니고 베풀 능력이 충분하기 때문인 것도 아니다. 사람이라면 누구나 자신을 환대하는 사람에게 선한 마음이 생기는 것은 당연지사다. 그렇다면 한계가 많은 사람이 이럴진대, 한계가 없는 하나님은 어떠하겠는가. 내가 하나님의 이름을 부를 때 하나님의 마음에는 얼마나 더 많고 더 멋있고 그리고 더 완전한 나를 향한 계획들과 베풀고자 하는 생각들이 떠오를까를 상상해 보라. 그런 하나님이 계시니 우리가 어찌 항상 기뻐하지 않을 수 있겠는가. 어찌 낙심할 수 있겠는가.

아이들은 나에게 신발을 사달라고 내 이름을 부르는 것이 아니었지만, 나는 아이들에게 신발들을 나누어 주었다. 아이들이 나에게 유치원을 지어 달라고 하지 않았지만 나는 아이들이 다닐 수 있는 유치원을 만들어 주었다. 아이들은 나에게 먹을 것을 달라고 한 적이 없지만 우리 집 앞마당에서 매 토요일이면 'Super Saturday'라는 토요 천국 잔치 프로그램으로 적어도 150명에서 250명의 아이들이 점심을 먹고 성경을 공부하며 마음껏 뛰어놀 수 있도록 해준 세월이 벌써 거의 10년이다.

그들이 한 것은 다만 내 이름을 불러 주었다는 것이다. 그것 하나이다.

  아이들이 그렇게 내 이름을 불러준 이후로 나는 '주 삼창' 기도를 더 이상 촌스럽게 생각하지 않는다. 그리고 나는 주 삼창이 아니라 주 백창이라도 해야 한다고 생각한다. 그래서 나는 굳이 딱히 하나님께 원하는 것이 없어도 그냥 그분의 이름을 부르짖어 본다. 그분은 내가 일일이 이것저것 이야기하지 않아도 나를 향해 항상 선하고 보배로운 것만 생각하여 주시는 분임을 믿기 때문이다.

  삶을 통해 우리를 향하신 하나님의 선한 마음을 알게 될 때면 나는 선교가 다른 누구를 위한 것이 아니라 바로 나 자신을 위한 일임을 깨닫곤 한다. 내가 하나님을 더 가까이 알아가고 이를 통해 내가 누리는 평안함은 그 어떤 것과도 비교할 수 없다. 나의 일상 속에서 깨달음을 주시고 이를 통해 더욱 가까이 계심을 알게 하신 하나님께 말로는 부족한 감사를 드린다.

Chapter 05

# 잃어버린 노트북과 되찾은 아버지의 마음

 어느 날 학교 강의를 마치고 퇴근하는데 시간이 늦어서 부랴부랴 차 문도 잠그지 않은 채 출발했다. 교통 체증이 심한 시간이라 차가 거의 멈춰 있었다. 그때 갑자기 내 차 쪽으로 사람들이 우르르 몰려왔다. 한 열 명쯤 되는 것 같았다. 그때 순간적으로 차 문을 잠그지 않은 것이 생각났다.

 그들은 상습적인 도둑이었다. 교통 체증이 심할 때 멈춰 있는 차로 우르르 몰려와서 차 문을 열고 차에 있는 모든 것을 훔쳐 간다. 케냐에서 그런 일이 번번이 있다는 것을 알고 있음에도 불구하고 그날따라 왜 차 문을 잠그지 않았는지! 하지만 후회해도 이미 늦었다. 그들은 이미 내 차 바로 앞에 성큼 다가와 있었다.

그리고 그날따라 항상 트렁크에 넣어 두던 노트북 컴퓨터를 나는 차 뒷좌석에 고이 모셔 두고 있었다. 우르르 몰려온 사람들은 그야말로 눈 깜짝할 사이에 내 차 뒷문을 열고 노트북을 가져갔다. 도난당했다고 표현하기도 어려울 정도로 그들은 의연하게 내 노트북을 가져가 버렸다. 마치 자기 물건을 찾아가듯이. 그리고 홀연히 사라졌다.

갑작스럽게 도난을 당해 손이 후들거렸다. 놀라고 속상한 마음에 한참 동안 차를 세워 두고 울었다.

한참 있다가 겨우 운전해서 근처 선교사님 댁에 들렀다. 자초지종을 이야기하고 좀 쉬어 가겠노라고 했다. 그날 이후 내가 노트북을 도난당한 사실이 한인들 사이에 알려졌다. 노트북을 잃어버린 지 일주일쯤 되었을까?

내가 아끼던 한인 교포 젊은 부부의 남편 되는 Mr.강이 직접 전화를 해서 노트북을 찾아 주고 싶다며 내 사무실이 어디냐고 물었다. 잃어버린 노트북을 어디서 무슨 방법으로 찾는다는 건지. 그래도 우선 사무실 약도를 알려 주었다.

Mr.강은 내 사무실에 도착해서 그 노트북이 내게 중요한 것일 텐데 꼭 찾아야 하지 않겠냐고 했다. 자기가 내 노트북을 찾게 해 달라고 3일 동안 금식기도를 했다고 한다.

우와! 잃어버린 사람은 난데 내가 잃어버린 노트북을 위해 이분은 3일 동안 금식 기도를 하셨던 것이다. 그리고 이미 나도 포기한 노트북 찾기를 포기하지 않고 계셨다. 찾을 수 있도록 최선을 다해 보겠다며 내가 도둑을 맞은 장소의 약도를 받고서는 사무실을 나갔다. 그러면서 이렇게 말했다.

"제가 이전에 힘든 일을 겪을 때 제 친구가 함께 있어 주었습니다. 그 친구가 옆에 있다고 해서 제 문제가 해결된 것은 아니었습니다. 그러나 그 친구가 옆에 있었던 것이 제게 얼마나 큰 힘이 되었는지 모릅니다. 선교사님 제가 이 노트북을 찾지 못할 수도 있습니다. 그러나 선교사님의 힘든 시간에 제가 옆에 있었다는 것으로 인해 큰 위로와 힘이 되셨으면 좋겠습니다."

그분이 사무실을 나가며 한 말이 한참 동안 내 마음에 감동으로 남아 있었다. 그리고 이런 생각이 들었다.

내가 만약에 뉴욕 거리 한복판에서 내 딸 수진이를 잃었다면 나는 그야말로 정신이 반쯤은 나가서 수진이를 찾아다닐 것이다. 그리고 창피한 것도 모르고 지나가는 모든 사람들을 붙잡고 내 딸 수진이를 보았느냐고 물어볼 것이다.

"내 딸을 보셨나요? 내 딸 이름은 수진입니다. 이 아이는 한국 아이 반 미국 아이 반입니다. 머리는 길고 갈색입니다. 내 딸을 보셨나요? 내 딸을 보셨나요?"

내가 그렇게 정신없이 내 딸을 찾고 있을 때 내 옆에서 나와 같은 마음을 가지고 내 딸을 찾아주려고 하는 내 친구가 있다면 어떨까? 그 친구 역시 나와 같은 말을 하면서.

"내 친구의 딸 수진이를 보셨나요? 그 아이는 미국 아이 반 한국 아이 반인데 머리는 길고 머리 색깔은 갈색이에요! 내 친구의 딸 수진이를 보셨나요?"

그렇게 나와 같은 마음으로 내 딸을 찾고자 노력하는 내 친구를 본다면, 설사 내가 내 딸을 끝까지 못 찾았다 할지라도 나와 동일한 마음을 갖고 내 딸을 찾아 주고자 노력한 친구가 얼마나 고마울까 생각해 봤다.

내가 노트북을 잃어버린 것을 안타까워하고 도와주려던 분과 만약 내 딸을 잃어버렸을 때 찾기 위해 도와줄 사람들의 모습을 생각해 보았다. 그들은 분명 나와 같은 마음으로 발을 동동 구르며 최선을 다해 나의 잃어버린 것을 찾기 위해 동분서주하고 같은 마음으로 기도해 줄 것이다.

그렇다면 잃어버린 영혼들을 향한 하나님의 마음은 어떠할까 생각해 보았다. 또 그런 하나님 곁에서 내가 어떻게 하는 것이 진정한 친구가 되는 것일지 되새겨 보았다. 하나님은 이런 묵상을 통해 평소 전도하지 않던 내게 '아버지의 마음'을 찾게 해주셨다.

나는 선교사이지만 아이러니하게도 '전도'를 싫어했다. 내가 주로 하는 사역은 '신학교 강의'였기 때문에 강의하는 대상이 모두 다 예수님을 믿는 사람이었다. 그러니 굳이 내가 전도해야 할 필요도 없었고 주위엔 크리스천뿐이니 기회도 별로 오지 않았다.

선교지에 오기 전에도 전도를 별로 좋아하지 않았던 이유는 전도할 때 예수님을 믿겠다고 금방 대답하는 사람을 찾기가 어려웠기 때문이다. 내 입장에서는 그랬다. 참으로 좋으신 예수님이 나는 당연하게 믿어지는데 도대체 왜 안 믿겠다는 것인가. 한 번 말하면 바로 믿어야 할 터인데, 이 사람들이 믿지 않으니 답답해서 전도를 할 수가 없었다.

'내가 비싼 밥 먹고 거짓말할 리 있는가! 내가 믿는 예수님이 좋으니 당신도 믿어라 하면 믿어야 하는 거 아닌가?'

아무튼 당시 내 사고방식으로는 그랬다. 당장에 못 믿는 그 마음을 이해하지 못했다. '못 믿는 이유가 도대체 무엇이란 말인가!'라고 생각하며 이해하지 못하고 답답해 했다. 그래서 전도할 때 그들이 예수님을 금방 안 믿으면 긍휼히 여기는 마음보다는, '아이고! 다 당신 팔자야! 그렇게 안 믿다가 그냥 그대 갈 길을 가도록 하게! 나는 천당에 갈 거고 그대는 지옥에 갈 거고! 지옥에 가기 전 당신 맘대로 살다가 가든지 말든지 내 알 바 아니고, 하여튼 나는 이렇게 좋은 예수님 믿다가 천당 갈 거니까!'

대략 내 태도가 이랬다. 그러니까 나는 예수님 안 믿는 사람들에 대한 '영혼을 사랑하는 마음'은 영 없던 사람이었다. 사람들은 비행기를 타면 옆 좌석에 앉은 사람에게 전도할 수 있게 해달라고 기도한다는데 나는 그런 기도는 하지 않는다. 그러나 이런 기도는 가끔 하는 편이다.

"주님 먼 길 갑니다. 옆 사람이 나에게 말 시키면 피곤해지니까 나한테 아무런 말을 시키지 않게 해주옵소서."

'이거 나 선교사 맞아?' 나 스스로도 가끔 이런 생각이 든다. 이렇게 영혼을 사랑하는 마음이 없어서야 원! 근데 내 노트북을 잃어버린 후 그 노트북을 찾아 주겠다고 내 사무실에 온 교포의 말을 들으며 잃어버린 영혼에 대한 하나님 마음을 헤아리게 하셨다. 성령님이 나에게 그 시간 이렇게 말씀하셨다.

"유니스! 누가 너더러 전도해서 그때그때마다 전도의 열매를 맺으라고 그랬니? 사람들이 복음을 거절하는 것이 너를 거절하는 것이라고 내가 말한 적 있니? 나는 네가 사람들에게 아버지인 내 마음을 알려 주기 원한단다. 그들을 잃고 마음 아파하며 어찌

하든지 그들을 찾기 원하는 아버지의 마음을 전해 주기를 나는 원한단다. 너에게 전도의 열매를 요구하는 것이 아니란다. 다만 내 마음을 잃어버린 영혼들에게 알려 주기를 원하는 것이 바로 나의 마음인 것이다. 그 일을 해주면 안 되겠니?"

나는 그제야 내가 왜 전도를 해야 하는가를 어렴풋이나마 깨닫게 되었다.

'바로 그런 거구나! 잃어버린 자식을 찾기 위해 힘쓰고 애쓰는 아버지의 마음을 알려주는 것이 전도구나.'

나는 그 일 후에 설문지 하나를 만들었다. 그 설문지에 답을 하면 4영리 책자에서 나오는 복음을 모두 접할 수 있는 그런 전도문이었다. 내가 가르치던 신학교의 학생들은 모두가 아프리카의 현지 목회자들이었다. 그들에게 우리 목회자들이 평신도보다 더 전도를 하지 않는 것 같은데, 우리 함께 전도를 쉽게 할 수 있는 방법을 고안해 보자고 했다. 그래서 우리 모두 함께 고안해 낸 것이 설문지를 통한 전도였다. 아래의 내용이 그 전도지에 담은 내용이다.

❶ 교회를 다녀 본 적이 있나요? (예 / 아니오)
❷ 사람이 죽고 난 다음에 또 다른 세계가 있다고 믿나요?
(예 / 아니오)
❸ 천당과 지옥이 있다는 말을 들어 보셨나요? (예 / 아니오)
❹ 성경은 예수님만 천국에 갈 수 있는 유일한 길이라고 하는데 이 말에 동의하시나요? (예 / 아니오)
❺ 성경은 모든 사람이 죄를 지었다고 하는데 이 말에 동의하시나요? (예 / 아니오)
❻ 우리가 아직 죄인이었을 때, 하나님이 우리를 사랑하여 하나님의 독생자 예수 그리스도를 우리를 위해 십자가에 못 박혀 돌아가게 하시고, 우리들의 죄를 사하여 주셨다고 하는데, 이런 말을 들어 본 적 있나요? (예 / 아니오)
❼ 하나님이 당신을 아름답게 만드시고 당신을 향해 아름답고 놀라운 계획을 예비하셨다는 것을 한 번이라도 들어 본 적 있나요? (예 / 아니오)
❽ 하나님이 당신을 향한 놀라운 계획을 갖고 계시는데 예수님을 당신의 구세주로 영접하면서 이 계획을 알아보고 싶지 않은가요? (예 / 아니오)

❾ 이 시간 당신은 다음과 같은 기도를 하면서 예수님을 영접할 수 있습니다.

"예수님, 내 인생에 들어와 내 삶의 주인이 되어 주옵소서. 내가 지은 모든 죄를 용서해 주옵소서. 그리고 하나님이 원하는 사람으로 저를 만들어 주옵소서. 예수님이 저를 위해 십자가에 돌아가신 것을 믿습니다. 나의 죄를 사하여 주신 것을 감사드립니다. 예수님의 이름으로 기도합니다."

이 시간 이 기도를 저와 함께 하기를 원하십니까?

(예 / 아니오)

❿ 영적인 도움이 필요하십니까? (예: 출석할 교회를 찾는 것. 성경에 대해 더 알고 싶은 것 등) (예 / 아니오)

내가 가르치는 목회자들과 함께 이러한 설문지를 만든 후 나는 각 교회 모든 목회자들이 교회로 가서 성도들에게 한 사람당 적어도 10명씩 이 설문지를 사용하여 전도할 것을 부탁했다. 그리고 나는 나이로비에서 가장 큰 교회인 NPC(Nirobi Pentecostal Church)에 찾아갔다. 나는 선교사인데 나에게 광고할 시간을 딱 5분만 달라고 했다. 전도지에 대한 설명을 잠깐만 하면 된다고. 허락을 받은 후 주어진 5분 광고 시간에 이렇게 말했다.

"여러분! 아프리카에 복음이 들어온 지는 200년의 역사요, 한국에 복음이 들어온 지는 100여 년의 역사입니다. 언제까지 여러분들이 선교사들에 의존하여 전도를 해야 한다고 생각하십니까? 이제는 여러분들이 전도를 해야 할 때라고 생각합니다. 전도가 어렵다고 생각하십니까? 전도를 쉽게 할 수 있는 방법을 알려 드리겠습니다. 이 설문지를 사용해서 전도를 하는 겁니다."

설문지에 관한 설명을 하고 난 후 이 설문지로 최소한 10명씩 전도할 사람들은 손을 들어 보라고 했다. 그때 손을 든 사람은 대략 1000명이 넘었다.

나중에는 이 설문지를 아프리카 말인 키스왈리어로 그리고 마사이와 키쿠유 부족 말로 번역을 해서 한국이나 미국에서 단기 선교팀이 올 때면 이 설문지를 사용해 노방전도를 하기도 했다. 나는 이 설문지를 통해 전도된 사람들이 많을 것이라고 확신한다.

노트북을 처음 잃어버렸을 때는 속상하고 슬픈 마음뿐이었다. 하지만 그 일로 인해 하나님 아버지의 영혼을 향한 마음을 찾게 되었다. 그래서 내가 잃어버린 것 중 가장 잘 잃어버린 것이 바로 그 노트북이다.

# 최고의 날 묵상

2002. 9. 26. 목요일 〈예레미야 39:18〉

"내가 반드시 너를 구원할 것인즉, 네가 칼에 죽지 아니하고 네가 노략물같이 네 목숨을 얻을 것이니, 이는 네가 나를 믿었음이라 여호와의 말씀이니라 하시더라."

"네가 나를 신뢰하는구나. 네가 나를 신뢰하는 것을 안다."

이 구절을 읽으면서 하나님으로부터 이런 말을 들을 수 있는 사람의 자리에 내가 항상 서 있을 수 있다면 참 좋겠다고 생각했다.

이 말씀은 구스인 에벳멜렉에게 하나님이 예레미야 선지자를 통해 하신 말씀이다. 에벳멜렉은 예레미야가 시위대 뜰에 갇혔을 때 담대하게 왕에게 예레미야의 목숨을 건져내야 한다고 말한 사람이다. 참 의연한 사람이라고 그때도 생각했는데 하나님이 직접 "네가 나를 신뢰하는 것을 안다."라고 말씀하시니 더 대단하게 보인다.

이름이 뭐라고? 구스인 에벳멜렉? 구스인이면 아프리카 사람이네. 에티오피아 사람을 아마 구스인이라고 했던가? 하여튼 피부가 검은 사람일 텐데 어머 그럼 내 이웃 사람이네! 더 반갑다. 구스인 에벳멜렉!

사실 이 글이 나온 예레미야 39장의 배경은 그야말로 아비규환이다. 시드기야 왕 9년 10월에 바벨론 왕 느브갓네살과 그 모든 군대가 예루살렘을 에워쌌다. 그러다가 시드기야 왕 11년 4월 9일에 성이 함락되었다. 거의 1년 반 동안 적이 성을 에워싸고 있었으면 음식도 바닥났을 것이며, 사람들 마음속에 공포와 두려움이 가득 찼을 것은 미루어 짐작이 가능하다.

성이 함락된 뒤 왕과 모든 군사가 도망을 하였으나 갈대아인의 군대가 따라와 시드기야 왕을 잡아갔다. 바벨론 왕은 그를 심문하고 그의 목전에서 그의 아들들을 죽였고, 또 유다의 모든 귀인들을 죽이고, 시드기야의 눈을 빼고 바벨론으로 끌고 갔다. 바벨론 군대는 왕궁과 백성들의 집에 불을 질렀다. 성 중에 남아 있는 백성과 자기에게 항복한 자와 그 외의 남은 백성들을 바벨론으로 잡아 갔으니 그야말로 아비규환이다!

눈이 뽑히고 불살라졌다는 것을 이야기로 듣는 것은 그나마 들을 만하다. 하지만 실제로 그 광경을 보았다고 생각해 보라. 직접 그 현장에 있던 사람들, 그 광경을 목격하는 자의 심정은 어떠

했겠는가. 친구도 죽고 가족도 죽고 집도 불탔다. 시드기야 왕은 자기 목전에서 자기 아들들이 죽고 자기도 두 눈이 뽑혔다. 두 눈이 뽑혀 나가는 건 상상만 해도 정말 끔찍하다. 눈이 뽑히면서 질러 댔을 그 비명은 그야말로 처참하기 짝이 없다. 그런데 이런 난리 통에도 살아남은 자들이 있었다.

　예레미야는 멀쩡하게 살아남는다. 어디 채찍에 맞았다는 말도 하나 없다. 오히려 바벨론 왕이 시위대장 느부사라단에게 이렇게 명령했다.

　"그를 데려다가 선대하고 해하지 말며 그가 네게 말하는 대로 행하라."

　그리고 그 예레미야를 통하여 에벳멜렉에게 하나님이 이렇게 말씀하셨다.

　"내가 이 성에 재난을 내리고 복을 내리지 아니하리라 한 나의 말을 네 눈앞에 이루리라. 내가 그 날에 너를 구원하리니 네가 그 두려워하는 사람들의 손에 넘겨지지 아니하리라. 내가 반드시 너를 구원할 것인즉 네가 노략물같이 네 목숨을 얻을 것이니, 이는 네가 나를 믿었음이라."

　참 멋진 구원이시다. 그 아비규환 가운데서도 살릴 자는 살리시는 하나님. 상처 하나 안 받게 할 사람은 안 받게 하시는 하나님. 하나님을 신뢰했기 때문에 하나님이 그렇게 해주셨다.

믿음이란 무엇인가? 무엇을 의지하고 맡긴다는 것인가. 신뢰하는 자, 곧 하나님이 기뻐하시는 자인 것이다.

신뢰하면 우선 마음이 편하다. 우리 집에서 일하는 사람 중에 나오미가 있다. 거의 7년 동안 우리 집에서 일을 했다. 내가 아프리카에 온 다음 날 나오미가 우리 집에 왔다. 과부라고 했다. 나는 이 사람을 신뢰한다. 그래서 아침에 사역 나가고 오후에 들어와서 집에 혹 무엇이 없어지지 않았나 의심해야 할 필요가 전혀 없다. 솔직히 이곳에서는 집에서 일하는 사람들이 안주인이 없으면 슬쩍슬쩍 설탕에서부터 잔돈들, 크게는 좀 큰 것들까지 갖고 나가는 사람들이 많다.

이런 이야기는 흔하다. 사모님들이 일하는 사람들과의 스트레스는 자주 듣는 이야기 중 하나이다. 그런데 나는 나오미를 늘 믿을 수 있다. 그래서 항상 마음이 편하다. 밖으로 나갈 때도 집으로 들어올 때도 괜한 걱정과 의심이 생기지 않는다.

또 우리 집에서 함께 있는 모세는 공장 감독으로, 남편이 운전학교도 보내 주었기에 이제는 우리 집 차를 언제나 필요할 때마다 쓰기도 한다. 그래도 항상 안심이 된다.

우리가 5월에 선교대회를 가서 집을 비워도 걱정이 없다. 모세가 다 알아서 집을 관리해 주기 때문이다. 이 외에도 존, 스티브 등 우리 집에서 일을 하면서 함께 사는 사람들은 다 믿을 수 있다.

벌써 4년 정도의 세월을 함께 살아온 사람들이다. 믿을 수 있다는 것은 사람의 마음을 편하게 해준다.

사람을 믿어도 이렇게 마음이 편한데 내가 만약 하나님을 믿는다면 항상 마음이 편해야 하지 않을까? 항상 마음을 편히 갖는 것, 이것이 하나님을 믿으며 신뢰한다는 것의 특징이 아닌가 싶다. 어떤 일을 만나더라도 마음이 편할 수 있는 것은 역시 '이 일 뒤에도 하나님이 더 크게 계획하신 선한 일들이 있겠거니.' 하고 믿는 것이다. 그것이 금방 내 눈에 안 보인다고 하더라도 너무 성급해 하거나 엄살을 부릴 필요가 없다. 그냥 편안하게 기다리고, 조금 더 기다려야 한다면 조금 더 기다리면 된다. 하나님을 신뢰한다는 것은 무엇인가? 조금 더 생각해 보고, 또 조금 더 생각해 보며 그분의 뜻을 헤아리려 노력하는 것이다.

물론 이러한 이야기들이 별 걱정이 없는 사람들한테는 술술 쉽게 나올 수 있는 이야기이기도 하다. 하지만 정작 사망의 음침한 골짜기를 걷는 사람들한테는 참 당황스러운 이야기요 억울한 이야기일 수도 있다.

그러나 '믿음'라는 말의 뜻이 내 감정이나 상황에 따라 바뀌는 것이 아니라는 것을 생각해 보면, 당황스럽거나 억울해 할 일은 아니다. 나 역시 어떠한 상황에서든 하나님을 그대로 믿을 수밖에 없고 맡길 수밖에 없었으므로 리무르에 살면서 늘 감사한 것이 사실이다.

그러나 사실 이곳이 안전한 곳은 아니다. 특히 백인들 집에는 무중구라고 불리는 유럽피안 사람들의 집이 있다. 그런데 이곳은 현지인들이 도둑질하는 대상이 된다. 도둑도 떼도둑이 든다.

그렇다고 이러한 불안전에 대하여 자주 말하고 싶은 생각은 없다. 너무나 흔히 듣는 이야기이기 때문이기도 하고, 특별히 묵상에 잘 안 쓰는 이유는 친정 부모님께 걱정을 끼쳐 드리고 싶지 않아서이다.

소매치기들? 나도 그런 것 꽤 당했다. 어제는 학교 예배 시간에 미국인 교수님 한 명이 시내에서 다섯 명의 강도들에게 붙잡혔다는 이야기가 나왔다. 하나님이 보호하셔서 몸에는 아무 상처가 없었다고 한다. 우리 옆집 할머니도 도둑질을 당한 적이 우리가 아는 것만 해도 세 번이다. 바로 우리 옆집 할머니 말이다.

그리고 윗집과 건넛집에 도둑 들어온 이야기, 매 맞은 이야기. 어떤 사람은 큰 칼로 귀가 잘린 이야기 등 이 모든 것이 우리 이

윗집 이야기들이다. 뉴스에나 나올 법한 이야기를 자주 듣고 또 듣는다.

어제는 차밭에 나가려는데 남편이 어디까지 걸어갈 거냐고 묻는다. 그래서 멀리 안 갈 거라고 했더니 어제 두 여자가 그 근처에서 도둑맞았다고 한다. 그러니 멀리 가지 말라고. 사실 요즘은 판자촌 아이들이 사는 데까지만 걸어간다. 이전처럼 1시간이나 걸리는 저 멀리 떨어진 한적한 차밭은 가지 않는다. 사람들도 살지 않는 곳에서 혼자 묵상한다고 걷다가 혹시나 위험할까 해서이다. 묵상이야 한적한 곳에서 하면 좋고 내 발걸음이야 우아하고 가볍겠지만, 내가 처한 현실은 보이는 차밭만큼 평화롭고 아름답지만은 않은 것이 사실이다. 그래서 요즘은 동네 근처만 뱅뱅 돈다. 그 가까운 거리에서도 자꾸 도둑이 나타난다고 하니, 쩝.

또 이곳에는 미신이 있다. 에이즈에 걸린 사람이나 성병에 걸린 사람이 백인 소녀와 성관계를 하면 병이 낫는다는 미신이다. 그러니 백인 소녀인 딸 수진이로 인해 하루라도 마음을 놓을 수가 없다. 매일 수진이의 안전을 위해 머리에 손을 얹고 기도할 때마다 "나사렛 예수의 이름으로 명하노니 수진이에게 절대로 나쁜 일이 생기지 말지어다. 오늘도 안전할지어다!"라는 기도를 한다.

멀리 사라지는 이 녀석의 뒷모습에도 딸의 '안전'을 비는 마음은 한결같다. 그렇다고 이 녀석을 집에서만 키울 수는 없지 않는가. 학교에도 보내야지. 학교에 가면 모조리 아프리카 애들이지. 수진이가 이제 일곱 살밖에 안 되었지만 녀석이 벌써 성숙하기 짝이 없다. 수진이한테 철저하게 성교육을 시키는 편이지만, 그래도 아이가 걱정되기는 마찬가지다. 학교에 다녀오면 내가 물어보는 질문들에 수진이는 꼬박꼬박 대답을 잘 해준다. 상황이 이럴진대 사람으로서 조심해야 하는 것은 조심해야 하지만, 어떻게 하나님께 맡기지 않고 살 수 있겠는가 말이다.

수진이도 주님께 맡겨야 하고 나도 주님께 맡기고 남편도 주님께 맡기고 모든 것을 다 주님께 맡길 수밖에 없다. 이렇게 사는 거지 뭐.

친정아버지는 지난번에 수진이를 미국 학교에 보내는 건 어떻겠냐며 걱정하셨다. 근데 뭐 미국은 위험하지 않은가? 지난번에 가봤더니 갑자기 주위에서 애들 납치 사건이 부쩍 늘었다고, 내 친구도 자기 딸 학교 보내면서 위험한 일들을 죽 이야기한다.

미국도 안전한 곳이 아니더구먼. 애들 납치에 이상하기 짝이 없는 성희롱이 유치원에서도 일어나고, 사탄 숭배자들한테 잡혀가서 제사가 된 아이들의 이야기 등. 어디에다 애를 내놓고 키우겠는가 말이다. 어디에도 '아, 이곳은 정말 안전하다.' 라고 생각되는 곳은 없다.

아픈 것? 뭐 선교지에 있는 사람만 아픈가? 고국에 있는 사람들은 안 아픈가? 미국에 있는 사람들은 안 아픈가? 선교지에 있기 때문에 아프다고 말할 필요도 없다. 선교지에서 아픈 사람이 선교지에 안 왔다고 만날 건강하게 살란 법이 있는가? 다 그냥 살면 된다.

그러니 주님의 뜻이 있는 곳, 그곳이 제일 안전한 곳이다. 하나님을 신뢰하고 그냥 마음 편하게 살아야 한다. 내일 지구의 멸망이 올지라도 오늘 사과 한 그루를 심는 여유. 내가 그냥 해야 하는 일들을 해나가야 하니까.

하나님으로부터 '너는 나를 신뢰하는구나.' 이런 말을 들으면서 살 수 있다면 정말 축복이다. 하나님이 '선하다', '합당하다' 생각하시면 어떤 아비규환 가운데서도 살아남을 사람은 다 살아남게 되고 손끝 하나 안 다칠 사람은 또 그렇게 안 다치는 것이다.

어제 어느 선교사님 사모님을 만났더니 "어떻게 지내요?" 그러시기에 "잘 지내요." 그랬더니 "하여튼 유니스 선교사님은 만날 잘 지내고, 항상 일 잘 되고 하여튼 잘 된다는 이야기밖에 없어요."라고 말씀하신다. 사실 그 말이 맞다. 만날 잘 나가는 걸 어쩌겠습니까? 사람은 무슨 일을 만나도 항상 그 태도와 말이 중요하다고 생각한다. 쓸데없이 푸념할 필요가 없으며 짜증 섞인 말을 자주 해서 그것이 습관이 되어서는 안 된다.

복 받는 사람들을 가만히 살펴보라. 말을 막 하는 사람들이 없다. 남을 욕하고 불평하는 사람은 복을 받지 못한다. 그리고 그런 사람은 복을 받아서도 안 된다. 복을 어떻게 쓸지 모르고 감당할 줄 모르는 사람들이니까. 항상 올바른 태도를 가지고 하나님이 좋아하는 마음가짐을 가지고 하루를 시작하고 하루의 삶에서 쉬지 않고 하나님께 묻고 구하고 이야기하고 의지하고 그러면서 살아야 한다. 그것이 바로 하나님이 말씀하시는 그리스도 안에서의 풍성한 삶이 되는 것이다.

할렐루야? 아멘 주님! 멋진 날을 주셔서 감사합니다. 오늘도 주님을 믿고 의지하고 마음 편히 하루를 시작합니다. 신나는 날입니다. 할렐루야? 아멘! 할렐루야! 쟤! 그럼. 오늘도 하루를 시작해 볼까요. 오늘은 예쁜 아줌마들의 성경공부가 있는 날입니다. 주님이 오늘 하루를 지켜 주시고, 성경 공부 교재도 잘 선택할 수 있도록 해주세요. 항상 주님을 신뢰하고 의지합니다.

Part 3

# 하나님이 허락하신 우리들 최고의 만남

이제는 누군가를 만날 때 그 안에 있을 하나님의 계획을 먼저 바라보려고 애쓴다.
당장은 내게 힘이 들고 짜증스러운 만남일지라도 그 시간을 통해 선하신 하나님의 뜻이 나타나게 될 것을 믿기 때문이다.

*Eunice, why do you think that God has sent you from all the way America to Africa?*

Chapter 01

# 너와 나 최고의 만남

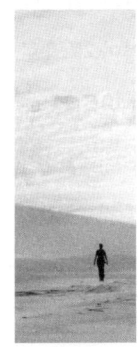

우리 부부는 결혼한 지 8년이 지난 해에 첫 딸을 낳았다. 한국 이름으로는 수진, 미국 이름은 캔디스(Candice)라고 지어 주었다. 남편이 아프리카에 선교사로 와서 생긴 아이라고 이디오피아 여왕의 이름인 캔디스라고 지어 주었다. 이름의 뜻도 아주 예쁘다. 반짝반짝 빛나는 하얀 빛.

미국으로 가서 아기를 낳고 3일이 지나 병원에서 퇴원했다. 남편이 운전을 하고 집으로 돌아오는 길에 나는 뒷좌석에 수진이와 함께 앉았다. 아직 눈도 제대로 뜨지 못하는 어린 딸에게 나는 이렇게 말했다.

"수진아, 엄마야! 엄마는 내 딸 수진이가 평생 동안 배웠으면 하는 게 한 가지 있단다. 그것이 무엇인가 하면 '하나님의 선하심'이란다. 하나님은 항상 좋으신 분이셔! 네 평생에 그 좋은 하나님을 배워 가기를 바란다.

그렇게 선하신 하나님은 엄마에게 최고의 딸로 너를 허락해 주셨단다. 세상에는 많은 딸들이 있는데 너와 내가 엄마와 딸로 만났다는 것은, 이 세상에서 네가 나에게 가장 최고의 딸이기 때문이지. 또 세상에는 참으로 많은 엄마가 있지만 내가 네 엄마가 되었다는 것은 선하신 하나님이 보시기에 내가 너에게 최고의 엄마가 된다고 생각하셨기 때문이야. 그러니 이제 평생토록 너는 엄마를 최고의 엄마로 나는 너를 최고의 딸로 생각하면서 사는 거야. 알았지?"

그날 내내 나는 '최고의 딸을 주신 하나님 너무 감사합니다. 수진이에게 최고의 엄마가 되게 해주셔서 감사합니다.'라고 기도드렸다.

이렇게 수진이와 나는 최고의 만남을 가졌다. 최고의 하나님이 허락하신 것이니 우리의 만남은 최고의 만남인 것이다.

우리는 수진이가 백일이 지난 다음 케냐로 돌아왔다. 나는 수진이를 부를 때는 항상 '복덩어리'라고 불렀다.

"복덩어리! 복덩어리!"

수진이가 갓 말을 배웠을 때는 수진이도 내게 "엄마! 엄마 복덩어리!"라고 했다.

항상 '복덩어리'라는 말을 듣는 것이 익숙했던지 수진이가 말을 배우고 처음 사용한 말이 엄마라는 말 다음에는 '복덩어리'였다. 나를 향해 '엄마! 복덩어리!'라고 말하는 그날의 감격을 잊을 수 없다.

우리 집의 복덩어리로 태어난 수진이는 참 예쁘게 자라 주었다. 내 생각엔 수진이가 기도를 많이 받고 자란 덕도 있다고 본다.

그 시절 나는 나이로비에서 목회자들에게 신학대학 과정을 가르치는 강의 사역을 했다. 강의를 하면서 목회자의 사모님 역시 교육을 받아야 함에 대한 필요를 느껴서 '나이로비 목회자 사모 신학교'를 시작했다.

한 번은 수진이가 두 살이 되었을 때 목회자 사모님들이 오는 강의가 끝나고 수진이 생일잔치를 하게 되었다. 그 시간 모든 사모님들이 수진이를 위해 기도해 주었다. 이런 환경 덕택에 수진이는 정말 기도를 엄청 많이 받고 자란 아이이다.

권사이신 친정어머니 역시 매일 새벽기도에 빠지지 않고 수진이를 위해 기도하신다. 지금은 중국에 계시는 한 사모님은 수진이가 태어나기 전에 아프리카에 선교사로 계셨는데, 수진이를 임신한 내 배에 손을 얹고 얼마나 많은 기도를 해주셨는지 모른다. 그분은 지금도 하루도 거르지 않고 수진이를 위해 기도해 주신다. 이렇게 많은 분들의 기도가 있기에 수진이는 별다른 탈 없이 건강하고 바르게 자랐다. 그래서 나는 항상 아이를 키우는 데 있어 무엇보다 부모의 기도가 가장 중요하다고 강조한다. 내가 직접 경험한 것이기에 아이를 키우는 최고의 방법은 기도라고 확실히 말할 수 있다.

우리는 수진이가 부모의 뒤를 이어 선교사가 되기를 원했다. 그런데 수진이의 꿈이 실제로 선교사이기도 하다. 더욱 감사한 것은 수진이가 선교사인 부모의 모습을 보고 그것이 기쁜 삶이라는 것을 깨달았기 때문에 그 길을 원했던 것이다.

한번은 수진이가 일곱 살쯤 되었을 때였다. 여의도순복음교회에서 선교대회가 있는 기간이었다. 선교대회 순서 중 하나로 '열방 콘서트'가 있었다.

그 콘서트 후에 선교사로 헌신하기를 원하는 사람들은 일어나라는 부름이 있었는데 그때 수진이가 일어났다. 옆에 앉아 있던 남편이 수진에게 영어로 "너 왜 일어나라고 하는지 아니?"라고 하니까 수진이가 미국말로 안다고 대답했다. 나는 수진이가 한국말을 잘못 알아듣고 그러는 줄 알고 남편이 물어봤던 똑같은 질문을 한국말로 물어봤다.

"수진이 너 지금 왜 일어나는지 아니?"

그랬더니 수진이가 한국말로 "알아요!"라고 대답했다.

그렇게 스스로 하나님 앞에 선교사가 되겠다고 자리에서 일어난 수진이가 얼마나 기특하고 자랑스럽고 예뻐 보이던지. 그날 이후로 만나는 사람들에게 수진이가 그렇게 자리에서 일어났다고 자랑을 했더니 어떤 사모님이 그 이야기를 듣고 내게 말했다.

"임 선교사! 애들한테 너무 스트레스 주지 말아요! 나는 목회자 사모지만 내 자식들은 이 길을 가지 않았으면 좋겠어. 얼마나 힘든 길인데 이 길을 가게 해요. 부모 욕심으로 애들한테 스트레스 주는 것은 좋지 않아요."

나는 수진이가 자랑스러워서 그 말을 했는데 그 사모님 말을 듣고 보니, '어? 이거 내가 실수한 것인가?'라는 생각이 들어 몹시 겸연쩍었다.

그런데 그때 수진이가 이렇게 말했다.

"사모님! 엄마가 저한테 하라고 해서 한다고 하는 것 아니에요. 나는 가수도 되고 싶고 영화배우도 되고 싶어요. 하지만 제일 되고 싶은 것은 선교사예요. 엄마가 원해서가 아니고 제가 원하는 거예요."

수진이가 한국말로 또박또박 그렇게 말했다. 순간 마음으로 눈물이 왈칵 쏟아졌다. 겸연쩍던 그 자리에서 이렇게 우리 딸이 또박또박 자기 의사를 표현하여 엄마를 구해 주었다. 그날 수진이가 기특한 것을 떠나서 너무나 고맙게 느껴졌다. 나중에 수진이에게 "너는 왜 선교사가 되겠다고 일어났니?"라고 물어보았다. 수진이가 해맑은 표정으로 대답했다.

"선교사의 일이 즐거워 보여서 그래!"

그래서 다시 물어보았다.

"엄마, 아빠가 선교사로 일하는 게 즐거워 보이니?"

"응! 그리고 엄마 아빠는 많은 사람들을 도와주잖아. 나는 그렇게 남을 도와주는 것이 좋아!"

수진이의 그 대답에 내가 선교사가 된 것에 보람을 느꼈고 주님께 정말 감사했다. 자식에게 주님이 주신 선교사의 삶을 사는 것이 기쁘고 즐거운 일로 비춰진 것이 감사했다. 남들이 뭐라고 평가해 주는 것을 떠나서 자식이 부모가 하는 일을 기뻐해 주고, 그 길을 따라 가기를 원한다는 것이 나에게는 커다란 감사와 기쁨이 아닐 수 없다.

수진이가 선교사를 꿈꿨기 때문에 우리는 수진이를 일부러 현지인 학교에 보냈다. 수진이가 장차 우리의 대를 이어 아프리카에서 선교사가 되려면 아프리카 말을 배워야 하고 아프리카의 문화를 배워야 한다. 그러기 위해서는 국제학교에 보내는 것보다는 현지인 학교에 보내는 것이 수진이에게 도움이 될 것이라고 생각했다.

그러던 어느 날 학교에 간 수진이가 울며 집에 돌아왔다.

"엄마 애들이 나를 싫어해!"

"왜 애들이 우리 수진이를 싫어할까?"

"몰라. 애들이 그냥 나를 싫어해!"

수진이는 아프리카의 아이들과 달리 머리카락이 길어서 아이들이 수진이 머리카락을 잡아당기는 것을 재미있어 한다고 했다. 그리고 자기와 생김새가 다르니 꼬집기도 하고 귀를 비틀기도 한다는 것이다. 눈물을 글썽이는 수진이를 먼저 안아서 위로해 주고는 이렇게 이야기해 주었다.

"수진아, 감사한 것은 말이야. 하나님은 우리들에게 모든 사람에게 사랑받으라는 명령을 하신 적이 없다는 거야. 사람들이 우리를 싫어해도 괜찮아. 그러나 중요한 것이 있지. 우리는 모든 사람들을 사랑해야 한다는 것이지. 수진이는 학교 친구들을 모두 사랑하니? 그러면 충분한 거야. 학교 친구들이 모두 수진이를 사랑하지 않는 것은 괜찮아. 우리 수진이만 그 친구들을 모두 사랑한다면 말이야. 모두에게 사랑을 못 받아도 모두를 사랑할 수 있는 그런 사람이 될 수 있겠지?"

물론 그런 이야기가 어린 수진이에게 위로가 됐겠느냐고 묻는다면 딱히 대답할 말은 없다. 그냥 어린아이 달래듯 토닥토닥 위로해 주는 편이 나았을 것이라고 생각할 수도 있다.

그러나 수진이는 그때 그 말을 잘 이해해 주었고 학교생활을 잘해 나갔다. 학교 화장실이 재래식이어서 불편할 것 같아 "학교 화장실은 괜찮니?"라고 물으면 배시시 웃으며 "이렇게 저렇게 잘 맞추면 돼!"라고 대답한다.

그리고 학교 점심은 먹을 만하냐고 물으면 "엄마는! 학교 음식이니까 그냥 먹으면 되지 뭐!"라고 대답하곤 했다.

한번은 여의도순복음교회의 방송팀이 아프리카 취재를 나왔을 때, 아프리카 아이들에게는 아프리카 사탕을 주고 수진에게는 한국에서 갖고 온 좋은 과자를 주었다고 한다.

그때 수진이가 "저도 아프리카 아이들이 먹는 것과 똑같은 거 주세요."라고 말했다고 한다. 그래서 방송팀 사람들이 나에게 와서 "아니 선교사님, 애를 어떻게 키우셨기에 애가 말을 저렇게 기특하게 하지요?" 하고 물어 오기도 했다.

수진이는 지금 키스왈리어(케냐의 종족 언어)를 제일 잘한다. 그리고 영어와 한국말을 한다. 또 집에서 과외로 프랑스어를 가르친다. 방학이 되면 동네에 키쿠유 부족 아이들을 불러서 마냥 놀게 한다. 단지 조건이 하나 있다. 영어나 키스왈리어를 쓰지 말고 키쿠유 부족말만 해야 한다. 그래서 수진이는 케냐 공용어인 키스왈리어 외에도 키쿠유 부족 말을 조금 할 줄 안다. 그리고 선교사가 되면 설교를 해야 하기 때문에 새벽기도 설교도 가끔 시킨다.

그러다가 몇 년 전에는 성탄절 대예배 설교를 수진이에게 시켰다. 그때 수진이가 유창한 키스왈리어로 설교를 시작하자, 전 성도들이 설교에 더욱 집중했다. 키스왈리어로 설교하는 자그마한 꼬마 선교사를 무척이나 기특해 한 것이다. 그날 수진이는 설교하러 강단에 서서 성도들에게 질문을 먼저 했다.

"여러분, 말구유를 아시나요? 말구유라는 곳은 더러운 곳이지요. 그러나 우리 예수님은 그런 곳에서 태어나시는 것을 마다하지 않으셨습니다. 그분에게는 삶의 목적이 있었기 때문이지요. 우리를 위해 이 땅에 오신 목적이 있었기 때문에 환경을 개의치 않으셨습니다. 여러분에게도 삶의 목적이 있다면 여러분의 환경에 대해 불평을 할 이유가 없답니다."

　수진이의 설교는 엄마인 내가 듣기에는 그야말로 '명 설교'였다. 수진이가 그런 설교를 한 것이 너무나 기뻐서 한국에 갔을 때 어느 장로님 앞에서 수진이의 설교에 관한 이야기를 했다. 그랬더니 그 장로님께서 당신은 교회에서 고등학생들을 가르치는데, 요즘 아이들은 삶의 목적에 대해 생각하지 않고 사는 아이들이 너무나 많다고 하셨다. 그러니 수진이가 당신네 교회 고등부 예배에 와서 설교를 해줄 수 있겠냐고 부탁을 하셨다. 수진이에게 하겠냐고 물어보았더니 하겠다고 했다.

　한국말로 처음 설교하는 것이라서 어려울 것 같아 나는 수진이에게 다시 한 번 물어보았다. 한국말로 하는 설교라 어려울 수 있으니 네가 지금이라도 안 하겠다고 하면 장로님께 말씀드리겠다고 했다. 그랬더니 수진이는 해보겠다고 했다. 그러면서 자기가 해야 하는 이유를 이렇게 말해 주었다.

　"엄마! 사실 나는 두려워. 내가 한국말로는 설교를 한 번도 안 해 봤잖아. 근데 말이야. 내가 설교를 해서 삶의 목적이 없던 어떤 오빠나 언니가 삶의 목적을 가질 수도 있을 텐데, 내가 설교를 하지 않아 그 기회를 놓치게 된다면 어떻게 해? 나는 누구인지는 모르지만 내 설교를 듣고 삶의 목적을 갖게 될 '단 한 사람'을 위해서라도 설교를 할 거야. 그리고 우리들의 삶의 목적이 하나님께 영광 돌리는 것이라고 했으니까, 내가 설교해서 한 명이라도 삶의 목적을 갖게 된다면 나는 하나님께 영광을 돌리게 되는 것이고, 내 삶의 목적이 이루어지는 거잖아. 이렇게 좋은 기회를 내가 안 한다고 하면 안 되지. 난 할 거야. 그러니까 엄마가 오늘 내가 사용할 말들을 한국말로 가르쳐 줘."

그러면서 수진이는 'purpose(목적)'를 한국말로 뭐라고 하냐고 물었다. 그날 밤 나는 수진이가 묻는 영어 단어들을 한국말로 모두 가르쳐 주었다. 그렇게 준비한 설교를 하는 날이 되었다. 수진이가 설교하는 날 나는 뒷자리에 앉아 있었다. 수진이는 내가 가르쳐 준 한국말로 또박또박 설교했다. 수진이는 설교를 마치면서 말했다.

"사실 한국말로 처음 설교하는 것이라 떨렸어요. 하지만 오늘 내 설교를 듣고 그 누군가는 삶의 목적을 갖게 되리라 믿고 설교를 했어요. 언니, 오빠들 가운데 오늘 삶의 목적을 발견한 사람이 있으면 손을 들어 봐 주세요."

여기저기서 손을 들었다. 그러자 수진이는 "제가 여러분을 위해 기도해 드릴게요!"라고 말하더니 나를 불렀다.

"엄마! 기도는 한국말로 하기 너무 어려우니까 엄마가 통역 좀 해줘!"

그래서 나는 수진이의 통역관으로 옆에 서서 수진이의 기도를 통역해 주었다. 수진이는 이렇게 기도했다.

"하나님! 오늘 언니, 오빠들이 삶의 목적을 갖게 되었다고 손을 들었어요. 평생 오늘의 고백을 잊지 않게 해주시고, 하나님을 위해 살아가는 삶에 대하여 후회하지 않게 해주세요. 언니 오빠들을 축복합니다. 예수님 이름으로 기도합니다."

수진이는 첫 번째 한국말 설교를 이렇게 마쳤다. 선하신 하나님이 내 삶에 최고의 딸로 허락하신 수진이는 그렇게 하나님께 영광 돌리는 작은 선교사로 자라고 있다.

Chapter 02

# 신데렐라, 계모, 그리고 나

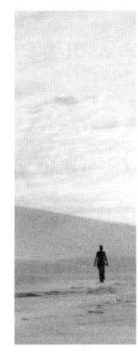

어느 날 수진이가 급하게 나를 찾았다.

"엄마, 엄마, 페이스 엄마가 돌아가셨대. 페이스가 지금 울고 있어! 빨리 좀 나가 봐!"

서둘러 페이스가 울고 있는 곳으로 찾아갔다. 페이스는 어깨를 들먹이며 울고 있었다. 페이스는 아빠가 없는 아이였는데 엄마마저 돌아가셨으니 이제는 고아가 된 것이다. 우리 교회 유년부 주일학교에 다니던 아이였다. 울고 있는 페이스에게 엄마는 천국 가셨으니까 너무 염려하지 말라고 위로해 주고 꼭 안아 주었다.

흐느껴 우는 페이스를 보고 있으니 나도 눈물이 나는 것을 어찌할 수 없었다. 그날 둘이서 함께 펑펑 울었다. 갈 곳이 없는 페이스를 우리 집 별채에 사는 현지인 모세 전도사에게 부탁했다. 양육비는 우리가 대겠다고 했더니 모세 전도사가 수락하였다. 그렇게 해서 페이스는 우리 집에 들어오게 되었다. 수진이는 집에 언니뻘 되는 페이스가 들어온 것을 아주 좋아했고 둘은 사이좋은 자매처럼 커갔다.

그러다가 수진이가 페이스랑 한방에서 지내는 시간이 많아지면서 정말 친언니처럼 살면 안 되겠냐고 물어 왔다. 마침 수진이 생일이 다가왔는데 자기는 다른 선물은 다 필요 없으니 언니가 꼭 있었으면 좋겠다고 계속 졸라 댔다. 동생도 아니고 언니를 어떻게 만들어 줄 수 있겠는가. 그래서 페이스는 우리 집으로 들어오게 되었다. 수진이와 한 방을 쓰기로 하고 수진이의 언니가 되었다. 페이스에게는 수정이라는 한국 이름을 지어 주었다. 수진이를 낳고 또 딸을 낳으면 수정이라고 해야지 하고 지어 놓은 이름이었다. 하지만 우리는 수진이를 낳고 난 다음에 더 이상 아이가 생기지 않았다.

수정이가 집에 온 날 수정이에게 Q.T(quiet time)를 가르쳤다. 하나님 말씀을 어떻게 매일매일 묵상해야 하는지 가르쳐 준 것이다. 수정이에게 매일같이 묵상을 하면서 노트에 쓰고 하나님 말씀 안에서 지내자고 말했다. 그것을 약속해 줄 수 있느냐고 했더니 그렇게 하겠다고 했다. 그래서 수진이가 아홉 살 되던 생일에 수정이는 우리 집에 큰 딸로 들어오게 되었다.

수정이와 수진이는 처음에는 사이좋게 지내는 것 같더니 친자매들이 그렇듯 사소한 일로 다투기 시작했다. 큰 다툼은 아니었고 그야말로 조그만 일들로 티격태격 하는 정도였다. 수정이와 수진이가 사이가 안 좋으니 나는 자연스럽게 수정이가 마음에 들지 않기 시작했다. 한국말에 '미운 가시'가 박힌다는 말이 있다. 한 번 밉게 보이기 시작하니까 얼마나 그 아이가 얄미운지 하는 것마다 얄미워 보였다.

선교지에 있으면 사실 한국 음식이 귀하다. 특히 라면 같은 것은 그야말로 귀빈이 와야 내준다고 할 정도로 선교사들 사이에서는 귀한 음식이다. 그런데 수정이는 유독 라면을 좋아했다. 그러니 집에 몇 개 안 되는 신라면이 어느 날 보면 다 먹고 없어서 물어 보면 수정이가 먹었다는 것이다. 사실 음식 가지고 따지는 것이 얼마나 치사스러운 일인가.

그런데 사실 수정이는 아프리카 애이지 않은가. 내 맘속에는 자기가 언제부터 라면을 먹고 살았다고 집에 몇 개 되지도 않은

라면을 그렇게 쉽게 먹어 버리냐 이거다. 하여튼 그렇게 따지고 드니, 이것저것 다 그야말로 꼴 보기 싫었다.

나는 명색이 선교사 아닌가? 선교지에서 현지인들을 도와주어야 하는! 그냥 현지인도 아니고 집에 양딸로 데리고 있는 현지인 아이에게 상처 주는 말을 해서야 되겠는가? 그러니 얄밉다고 말은 못하겠고 혼자 속으로 삭일 수밖에 없었다.

그러면 그럴수록 수정이가 더 얄미워졌다. 그때서야 나는 신데렐라 이야기에서 신데렐라의 계모가 왜 계모인지 그 마음이 저절로 헤아려졌다. 너무 마음의 준비 없이 입양한 탓이었는지 나는 그렇게 점점 계모가 되어 가고 있었다.

그래서 나는 가끔 선교보고 할 때 이렇게 말한다.

"저는 신데렐라 이야기를 읽으면서 신데렐라의 계모 때문에 은혜 받은 적은 없습니다. 그러나 수정이를 키우면서 신데렐라의 계모 이야기가 정말 은혜가 되더군요. 그 마음이 저절로 이해가 되었으니까요. 남편에게 신데렐라 계모의 마음이 이해된다고 하니까 남편이 그러더군요. '신데렐라 계모의 마음이 이해된다니……. 좀 있다가 히틀러의 마음이 이해된다고 하면 거 큰일이구먼! 대량 학살이 시작되지 않겠어?'"

남편은 항상 모든 일에 유머 감각이 풍부해서 내 이야기에 그렇게 답을 하니 웃음이 나기도 했다. 하여튼 나는 수정이를 양딸로 키우면서 마음고생을 좀 했다. 어떤 사람들은 말하기를 그 아이를 아예 어렸을 때부터 키웠으면 키우는 정이 들었을 텐데 다 큰 아이를 데리고 왔기 때문이라고 하기도 했다.

아닌 게 아니라 수진이가 아홉 살일 때 열네 살인 수정이를 데리고 왔으니 그것도 맞는 말이다. 다 큰 10대인 아이를 데리고 온 것인데 10대 아이를 키워 본 경험이 없는 내가 10대인 딸의 엄마가 되고 보니 그것도 문제라면 문제였을 수도 있었을 것이다.

수정이를 키우면서 내 마음 밑바닥의 현주소를 읽을 수 있게 되었다. 나는 스스로를 좀 '괜찮은 사람' 아니 나아가서는 '성숙한 그리스도인'이라는 생각을 했던 것 같다. 그런데 수정이를 키우면서 완전히 바닥난 내 인간성을 보게 되었다.

이렇게 들킨 내 인간성의 현주소를 알게 된 것에 감사하고, 이 일을 어떻게 하면 좀 더 나은 방향으로 발전시킬 수 있을까 그런 생각이 들었으면 좋지 않았겠는가? 그런데 그렇지 않았다. 수정이만 안 키웠으면 내가 가진 좋은 이미지를 계속 누릴 수 있었을 텐데, 수정이가 들어오면서 그런 누림이 땅으로 꺼지듯 그렇게 내려앉았다는 것이 속상했다.

'어떻게 내보내 버릴까?'

그런 생각까지 들었다. 키우던 애를 내보내면 우리가 개척하고 지금까지 목회를 도와 왔던 현지인 교회에서 선교사인 나를 뭐라고 생각할까? '사랑하라고 가르치면서 현지인 아이를 양녀로 들여놓고 얼마나 지났다고 애를 내보낼까?', '선교사가 뭐 저래?' 이런 말을 들을 수도 있을 것이고, 또 수정이 마음에는 얼마나 상처가 되겠는가?

차라리 모세 전도사님 집에서 키우고 내가 양육비만 주었을 때가 속이 편했다는 후회까지 들었다.

'어휴, 나는 왜 이 아이를 집으로 데리고 온 것일까?'

수진이가 수정이랑 싸웠다고 하면 수정이가 더욱더 미워졌다.

이런 내 마음과 상관없이 수정이와 수진이는 가끔 다투긴 했어도 친자매와 같이 잘 지냈다. 너무 잘 지내서 어떤 때는 내가 소외감을 느낄 정도였다. 그런 아이들을 볼 때면 저희 둘이서 살라고 하고 나는 애들을 떠나 어디로 가서 혼자 살까 하는 생각이 들 정도였다.

나는 외부에 설교 스케줄이 있어서 케냐를 떠날 때가 종종 있었는데, 때로는 수정이가 보기 싫어 설교하러 외부로 가고 싶을 때도 있었다. 그렇게 내 마음은 양딸에 대한 미움으로 황폐해져 갔다.

당시 나에겐 긍휼이 필요했다. 나름대로 기도를 했고 무엇보다 나를 위해 중보기도를 해주시는 모든 분들께 나의 부족함을 토로했다. 그리고 기도를 부탁드렸다.

미국에 계시는 친정아버지는 "너는 왜 고생을 사서 하느냐?"라며 혼을 내시기도 하셨다. 그러니 친정 부모님께 양녀를 키우는 것이 어렵다고 말을 하는 것도 눈치가 보였다. 수정이를 키우면서 어려운 점은 여기저기서 생겨났다.

내가 수정이를 데려오면서 처음에는 아무것도 생각하지 못했던 부분들이었다. 이전에는 남편, 나, 수진이 이렇게 셋이서 어디를 가면 한 방에 투숙을 해도 됐다. 하지만 수정이가 함께 있으면 방도 두 개를 예약해야 하고, 집에서 목욕탕을 사용할 때도 불편해졌다.

수정이와 나와의 만남! 처음에는 아무것도 모른 채 그냥 주님이 기뻐하실 일이라는 것만 생각했다. 또 수진이가 너무 좋아하니까 다른 우려가 없었다. '무식하면 용감하다!'라는 말처럼 몰라서 나는 용감했던 것이다.

그러나 하나님은 긍휼이 많으신 분이다. 내가 그렇게 자신을 고문(?)하듯 살기를 원하시지는 않으셨다. 그러던 어느 날 기적 같은 일이 생겼다. 갑자기 그냥 저절로 수정이가 귀여워 보이고 너무 예뻐 보였다. 어느 날은 수정이가 학교에 갔는데 갑자기 보고 싶어지기도 했다. 우와! 이런 일이 생길 수 있는가? 그냥 그런 일이 생겼다. 그냥 어떤 특별한 계기가 있어서도 아니었다. 그냥 마음이 바뀌었다. 나는 이 일이 많은 분들이 기도해 준 '중보기도의 능력'이라고 확신한다.

그래서 지금은 수정이랑 나랑 잘 지낸다. 물론 가끔 수정이가 얄밉게 보일 때도 있다. 하지만 이전과는 수정이를 바라보는 마음 자체가 다르다. 그리고 그럴 때가 그렇게 잦지도 않다.

지금 와서 돌이켜보면 수정이를 키우면서 내가 조금은 더 '성숙한 그리스도인'이 되지 않았는가 생각한다. 나를 키워 준 귀한 만남인 것이다. 이제는 수정이가 양딸 같지 않고 내 친딸이라고 여겨진다. 귀엽고 예쁘다.

하지만 내 노력으로 내 성품으로 그렇게 된 것이 아니었다. 정말 어느 날 갑자기 내 마음이 변화된 것은 전부 하나님의 은혜였다. 나를 성장시키기 위한 하나님의 계획 안에 수정이와 나와의 만남이 있었던 것이다.

그래서 이제는 누군가를 만날 때 그 안에 있을 하나님의 계획을 먼저 바라보려고 애쓴다. 당장은 내게 힘이 들고 짜증스러운 만남일지라도 그 시간을 통해 선하신 하나님의 뜻이 나타나게 될 것을 믿기 때문이다.

  좋은 사람들과 있을 때는 '이웃을 사랑하라'는 명령이 그렇게 쉬울 수가 없다. 하지만 나와 조금만 다른 성격의 사람과 함께 있을 때도 과연 그럴까? 아마 이 부분에서 자유로운 사람은 별로 없을 것이라고 생각한다. 그래서 우리는 이웃을 사랑하는 데도 하나님의 은혜가 필요하다는 것을 느끼게 된다. 내가 그러했듯이 지금 만약 얄밉고 싫은 사람이 있다면 사랑하는 마음을 달라고 구해 보라. 사랑하는 마음을 구하는 데 안 주실 하나님이 아니다.

Chapter 03

# 하나님이 허락하신
# 아홉 명의 자녀들

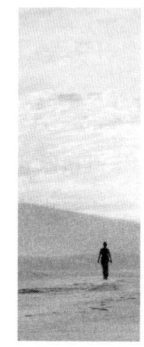

설교나 강의를 하러 나가게 되면 맨 먼저 자기소개를 한다. 그때 보통 이름을 먼저 말하고 가족을 소개하는 경우가 많다. 그때 아이가 아홉이라고 말하면 많은 분들이 놀라워한다. 아홉 명의 아이들을 낳은 엄마라고 하기에는 나이가 조금 젊어 보이는 탓이기도 하겠고, 아니 요즘 세상에 어떻게 아이들을 아홉이나 낳았나 하는 놀라움이기도 하다.

많은 분들이 믿기지 않는 표정을 지으면 이내 설명을 해드린다. "제 친딸은 하나입니다. 수진이라고 하지요. 그리고 아프리카 양딸이 하나 있고 아프리카 양아들들이 일곱 명 있습니다."

많은 사람들이 알다시피 수정이를 양딸로 들여놓고 마음고생이 좀 심했다. 그러던 어느 날 주님이 내 마음에 이런 제안을 해 오셨다.

"남의 딸 하나 키우기가 그렇게 힘드니? 그러면 여러 명을 키워 보는 것은 어떻겠니?"

'한 명이 힘들면 여러 명을 키워 보라고?'

하나님의 뛰어나신 유머 감각이 아닌가? 어느 날 남편이 아이들을 일곱 명 데리고 왔다. 우리 교회 중고등부 아이들인데 다들 집안이 가난해서 가고 싶은 학교를 못 가는 아이들이었다. 남편은 우리 집에서 키우면서 학교를 보내자고 했다. 어떤 아이는 지난 4년 동안 하나님께 간절히 기도했다고 한다. 하나님이 자기가 하고 싶은 공부를 할 수 있도록 자기를 도와줄 사람을 보내 달라고. 그 아이의 간절한 기도를 응답해 주시기 위해서였을까? 그날 그렇게 일곱 명의 남자 아이들을 맞이하게 되었다. 아이들의 나이는 열여섯 살부터 열아홉 살까지였다.

그래서 그때부터 나는 아홉 아이들의 엄마가 되었다. 물론 여덟 명의 아이들을 모두 법적으로 입양한 것은 아니다. 양딸 수정이는 부모를 모두 여의었지만, 다른 아이들은 한쪽 부모가 살아 있거나 아니면 별거중인 부모, 또는 시골에 사는 부모가 있었기 때문이다.

우리 가족이 살고 있는 집에는 여름에 단기 선교팀이 오기 때문에 그들이 숙박할 수 있는 방이 있다. 그 방에 2층 침대들이 있어 거기에 사내 아이들을 재우기로 했다. 한 방에 네 명이 들어가고, 나머지 세 명은 따로 한 방을 마련해서 함께 지내도록 했다.

그리고 식사를 다 같이 하지는 않는다. 수정이는 우리와 항상 같이 먹지만 남자 아이들은 단기 선교팀이 오면 사용하는 식당에서 식사를 한다. 식사는 아이들이 당번을 정해서 만들도록 했다.

우리 부부가 책임져 주는 것은 학비, 음식비, 학교에 들어가는 비용들, 한 달에 조금씩 용돈 주는 것 등이다. 얼마나 이 아이들을 재정적으로 책임질 수 있을까 하는 것은 아무런 보장 없이 그냥 시작한 것이다. 일단 한 달 동안은 아이들에게 필요한 모든 것을 공급할 돈이 있었다. 그 다음은 주님이 또 공급해 주시리라는 믿음을 갖기로 했다.

왜냐하면 선교지에서 경험한 바에 의하면, 선한 일들은 시작해 놓으면 하나님이 꼭 이루어 주셨기 때문이다. 아이들이 처음 집으로 들어왔을 때 모두 식탁에 둘러앉게 하고 '엄마로서의 첫 인사'를 이렇게 하였다.

"우리가 한 가족이 된 것을 하나님께 감사한다. 너희들은 이제 선교사의 자녀들이 된 것이란다. 어디를 가더라도 너희가 '선교사의 자녀'란 것을 잊지 않았으면 한다. 우리 한국에 100년 전에 복음이 들어왔을 때 많은 선교사들이 공부하고 싶어 하는 아이들을 도와주었단다. 우리는 그 선교사님들에게 사랑의 빚을 졌지. 그래서 지금 너희들의 엄마, 아빠가 된 우리들은 그 사랑의 빚을 너희들에게 갚는 거란다. 그러니 너희들은 앞으로 열심히 공부하고 적어도 이 케냐를 변화시키는 리더들이 되기를 바란다. 학교에 가거든 그냥 학생으로 공부만 하지 않도록 하렴. 너희가 다니는 학교에 너희들로 인해 '복음'이 전파되기를 원한다. 학교를 변화시키는 그런 학생들이 되는 거야! 그리고 우리들에게 느끼는 고마움은 안 갚아도 된다. 그러나 너희가 장차 크거든 너희처럼 공부하고 싶은데 기회를 갖지 못하는 아이들을 도와주는 사람이 되도록 하렴. 바로 그것이 우리에게 은혜를 갚는 길이란다. 우리도 우리가 받은 복음의 빚을 너희들에게 갚는 것처럼 너희 역시 그렇게 갚으면 되는 거란다!"

우리 모두는 그날 '가족'이 된 것에 감사 기도를 드렸고, 하나님이 우리와 앞으로 계속 함께 해주시기를 기도드렸다. 아이들은 우리 집 옆에 있는 사립학교 '섬머 스프링(Summer Spring)'이라는 곳에 보냈다. 아이들은 모두 학교에 늦게 들어간 것이었다. 학교는 집에서 멀지 않은 사립학교여서 점심시간 때면 집에 와서 점심을 먹고 다시 학교로 갈 수 있을 정도로 가까웠다.

나는 그 아이들을 양육하는 방법의 하나로 매달 '작정서'를 지켜 나가게 했다.

작정서에는 '자기훈련'에 대한 리스트가 담겨 있다. 그 리스트에 보면 '새벽기도 참석'이 있다. 그러니 아이들은 모두 새벽기도에 참석하고 난 다음 학교에 가게 되었다. 내가 선교 보고를 할 때 이렇게 새벽기도에 다 참석하는 아이들을 가리켜 "이것을 '전 자녀의 제자화'라고 하지요."라고 말하면 듣는 성도들이 모두 웃는다.

아이들이 한 학기를 다 마쳤을 무렵 다음 학기 등록금을 지불하러 남편이 학교에 갔더니 교장 선생님이 남편에게 이렇게 말했다고 한다.

"당신네 아이들이 우리 학교에 오고 난 다음 학교가 변했습니다. 학교 분위기가 아주 좋아졌습니다. 아이들이 모두 모범생들입니다. 원래 학교에서는 등록금을 항상 제 시간에 내야 하지만 당신네 아들들만큼은 특혜를 드리겠습니다. 등록금이 혹 늦게 지불되더라도 학생들을 학교에서 금방 쫓아내는 일은 생기지 않을 것입니다."

그래서 아이들에게 학교에서 어떻게 분위기를 좋게 바꿨냐고 물어보았다. 그랬더니 자기들이 나이가 많기 때문에 다른 학생들에게 떠들지 말라고 하면 아이들이 잘 듣는단다.

'녀석들, 나이 많은 특권(?)을 이렇게 행사하다니…….'

속으로 웃음이 나왔다.

그리고 학교에 아침 기도 시간 같은 것이 없는데 자기들이 학교에 가서 '아침 경건의 시간'을 만들었다고 한다. 그리고 자기들이 돌아가면서 설교를 한 것이다. 그래서 설교 아이디어는 어디서 얻느냐고 물었더니, 새벽기도 때 들은 것을 가지고 학교에 가서 그대로 설교한다고 했다. 그래서 학교 분위기가 바뀌고 전도도 많이 하게 된 것이다. 그렇게 해서 예수님을 믿겠다는 학생들이 늘어났으며, 선생님들까지 전도를 하게 되었다. 한 학기만에 아이들이 학교를 변화시키는 주인공이 된 것이다. 참으로 감사한 일이었다.

어느 날 아들 중 하나인 여호수아를 데리고 슈퍼마켓에 음식을 사러 갔을 때였다. 물건을 다 싣고 차에 시동을 거는데 여호수아가 말했다.

"엄마! 나는 학교를 졸업하고 직장을 갖게 되어 첫 월급을 타게 되면 첫 번째로 하고 싶은 일이 있어요."

"그 일이 뭔데?"

"내가 첫 월급을 타면 나처럼 공부하고 싶은데 집안이 가난해서 공부를 못하는 학생에게 꼭 장학금을 지불할 돈을 따로 떼어놓을 거예요. 그래서 내가 누리는 이 특권을 그 아이들에게도 누리게 해줄 거예요."

여호수아가 그렇게 말하는데 마음이 짠해 왔다.

"응! 그래 우리 여호수아 정말 훌륭하구나. 바로 그렇게 하라고 우리가 너희들에게 학교를 보내는 거란다. 네가 그렇게 말해주니까 너무 기쁘고 감사하구나!"

그렇게 학교에 간 첫 학기에 학교를 변화시킨 일곱 명의 남자 아이들은 모두 다 잘 자라고 있다. 2006년 12월에 아이들이 집으로 들어왔는데 지금이 벌써 2009년이다. 아이들 중에는 본래 다니던 학교에서 성적이 월등해서 더 나은 사립학교로 전학을 간 녀석도 있다. 그리고 각자 다 자기가 좋아하는 학교로 전학을 가게 해주었는데, 전학 간 모든 학교에서 CU(Christian Union)라는 기독교 동아리에서 모두 리더들이 되었다.

우리 집에서 약 세 시간 떨어진 학교로 전학을 간 요셉은 학교에 기독교 동아리가 없어서 직접 기독교 동아리를 만들었다고 한다. 자연스레 자기가 동아리의 리더가 되어서 설교도 해야 한다고 했다. 그래서 집에 돌아왔을 때는 가장 큰 기도 제목이 설교를 잘하고 학생들에게 좋은 본보기가 되는 삶을 살게 해 달라는 것이었다. 아들들 일곱 명 중에 지금은 두 명이 기숙사가 있는 학교로 전학을 갔고, 나머지 아이들은 집에서 한 시간씩 떨어진 곳으로 새벽에 걸어서 가기도 한다.

전학을 간 학교에서 전교 일등을 하는 녀석도 우리 아들이고, 수정이도 여자들 중에서 전교 일등을 했다. 우리 아들 중 하나는 전교학생회에서 남자 회장이 되었고, 수정이는 전교학생회에서 여자 회장이 되었다.

이 아이들이 이렇게 잘 자라주는 것을 볼 때면, 적어도 케냐를 예수님께로 인도하는 탁월한 그리스도인 리더가 될 것이라는 확신이 든다.

Chapter 04

# 선한 일을 향한
# 도움의 손길들

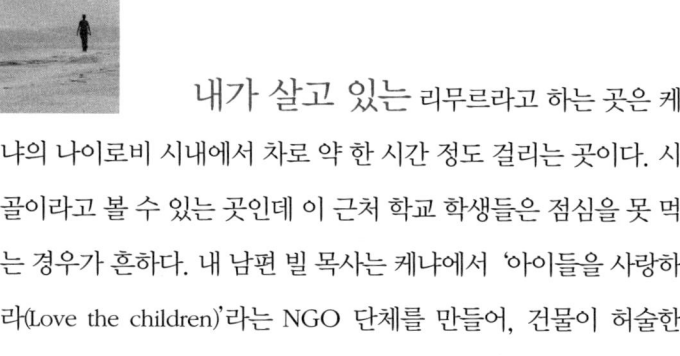

내가 살고 있는 리무르라고 하는 곳은 케냐의 나이로비 시내에서 차로 약 한 시간 정도 걸리는 곳이다. 시골이라고 볼 수 있는 곳인데 이 근처 학교 학생들은 점심을 못 먹는 경우가 흔하다. 내 남편 빌 목사는 케냐에서 '아이들을 사랑하라(Love the children)'라는 NGO 단체를 만들어, 건물이 허술한 학교들을 고쳐 주는 사역을 시작했다.

그렇게 학교를 고치는 사역을 하면서 학교에서 학생들이 급식을 제대로 못 받고 있음을 안타깝게 여겼다. 그래서 모든 학생들에게 급식을 줄 수는 없지만 그 중에서 많이 불우한 아이들을 선택해서 점심 급식을 주는 사역을 시작했다.

나는 5월에 파송교회인 여의도순복음교회에서 선교대회가 있기 때문에 항상 서울에 간다. 서울에 가기 전 남편이 나에게 부탁했다. 학생들에게 점심을 주는데 급식을 배급받지 못하는 아이들이 창문 너머로 급식을 배급받는 아이들을 부러운 눈으로 바라보는 것이 참 가슴이 아프다고 했다. 혹시 한국에 가면 이 점심을 전체 학생들에게 줄 수 있도록 선교 헌금을 보내줄 수 있는 사람이 있는지 알아봐 주겠냐는 부탁이었다.

그 말을 듣고 한국으로 선교대회에 참석하러 갔다. 한국에 도착한 지 얼마 안 되어서 교회 근처에 있는 건물을 지나다가 평소에 친하게 지내던 최한수 장로님을 만나게 되었다. 장로님은 언제 왔냐고 반가워하시면서 이전에는 한 번도 묻지 않으시던 질문을 하나 하셨다.

"요즘 뭐 필요한 것 없나요?"

만날 때마다 늘 푸짐한 식사를 한 번도 빠뜨리지 않고 대접하는 분이었지만, 나에게 뭐 필요한 것이 있느냐고 물어본 적은 그때가 처음인 것 같았다. 남편이 부탁한 그 말이 생각나서 남편이 했던 말을 그대로 옮겨서 이야기해 드렸다. 그러자 장로님이 물어보셨다.

"돈은 얼마나 들까요?"

"700달러쯤 드는데 저희가 200달러는 대고 있습니다."

장로님은 알았다고 말씀하시고는 나와 헤어졌다. 그 후 아무런 소식이 없었다. 그렇다고 그 사이에 내가 안절부절 못하며 기다린 것은 아니다. 나는 알았다고 말한 장로님의 대답을 신뢰하고 있었다. 그러다 선교대회를 다 마치고 케냐로 돌아가기 며칠 전에 교회의 엘리베이터 앞에서 장로님과 우연히 다시 마주쳤다. 장로님은 반가워하는 표정을 지으시면서 선교 헌금을 한 달에 500달러씩 아이들 급식을 위해 보내 주겠다고 하셨다. 그러면서 1년치인 6000달러를 한꺼번에 다 주겠다고 하셨다.

6000달러를 받아 케냐로 돌아가면서 깨달은 것은 선한 일은 시작하면 하나님이 끝까지 책임져 주신다는 것이다.

일곱 아들들을 집으로 들이는 일도 마찬가지였다. 한 달 후의 양육비에 대한 아무런 보장이 없었지만, 일단 시작할 돈이 있으니 걱정하지 않기로 했다. 그리고 그 믿음대로 아이들의 양육비는 지금까지도 별 걱정 없이 채워지고 있다.

2007년 1월, 나는 케냐 공항으로 참존 회사의 회장님인 김광석 장로님을 마중 나가게 되었다. 김광석 장로님은 2006년 12월 호주 코스타에서 만난 분이다. 해외에 나가 있는 유학생들을 대상으로 복음 집회를 가지는데 그 집회에 강사로 갔을 때 같이 강사로 오셨던 장로님이다.

1월에 아프리카에 오실 일이 있다고 하시기에 먼 아프리카까지 오시는데 제가 공항에 마중은 나가야 되지 않겠냐며 장로님이 케냐에 도착하신 날 공항으로 나갔다.

그런데 사실 그날, 나는 무엇인가 기대하는 것이 있었다. 2007년 1월에 나이로비에서는 세계의 NGO가 모이는 커다란 이벤트가 있었다. 그때 우리 교회 성도들과 샌드위치를 만들어 팔아 교회 실직자들의 경제 사정을 좀 도와주고자 했다. 그런데 그 행사에서 점심을 만들어 팔려면 자릿세가 필요했던 것이다. 하나님이 이 일을 하게 해주셨으면 좋겠다는 생각을 하고 자릿세 1천 달러를 위해 기도하고 있었다. 하지만 자릿세를 내야 하는 바로 그 전날까지도 돈은 들어오지 않았다. 어떻게 할까?

자릿세를 마련해야 하는 날짜를 하루를 앞두고 만날 사람이 김 장로님이었다. 한편 속으로 '어, 이 장로님을 만나서 주님이 우리가 필요한 자릿세 1천 달러를 주시지는 않을까?'라는 생각을 하게 되었다. 사실 그런 생각이 나로서는 기분이 썩 좋은 생각은 아니었다. 공항에 나가는 것이 혹시 무슨 돈이나 바라고 나가는 것 같은 느낌이 들기 때문이다.

장로님이시니 선교사인 나를 보면서 얼마의 용돈을 주실 수는 있었다. 만약 용돈을 주신다고 하면 나는 그 자리에서 주시는 돈이 얼마냐고 여쭤 보려고 미리 생각해 두었다. 1천 달러면 주님이 이 행사 때 점심 샌드위치 파는 사역을 하라고 '자릿세' 주시는 것으로 확신하고 받을 생각이었다. 하지만 1천 달러가 안 되면 다시 돌려드려야겠다고 생각했다. 그래야 적어도 내가 돈을 바라고 장로님을 모시러 나갔다는 좋지 않은 감정에서 자유로울 수 있을 것 같았다.

내가 필요한 것은 1천 달러 자릿세인 것이지 용돈이 아니니까 말이다. 공항에 도착했는데 장로님은 같이 온 일행의 짐이 도착하지 않아서 짐 검사하는 곳에서 밖으로 못 나오고 계셨다. 짐 찾는 수속들이 복잡한 것인 줄 알기에 그 안에 들어가서 짐 찾는 서류 작성을 도와드렸다.

한참을 이리저리 뛰고 있는 내가 고맙게 느껴지셨는지 장로님이 내게 책 한 권을 내미셨다. 비행기 안에서 읽던 책인데 참 도전이 많이 되는 책이라며 나더러 읽어 보라고 하면서 책을 주셨다. 그러면서 책과 함께 봉투를 하나 주셨다. 나는 그 봉투 안에 얼마가 들어 있냐고 여쭤 보려고 하는데 여쭤 보기도 전에 장로님이 말씀하셨다.

"이거 1천 달러입니다. 친정아버지가 와서 딸에게 용돈 준다고 생각하고 받아 주시면 고맙겠습니다."

그 말을 듣고 내가 막 웃었다. 그러면서 1천 달러가 아니면 안 받으려고 했는데 1천 달러니까 받겠다고 말했다. 그러고는 1천 달러 이하면 왜 받지 않으려고 했는지, 왜 1천 달러면 받으려고 했는지에 대한 이유를 말씀드렸다. 내 이야기를 듣고는 장로님이 막 웃으셨다.

그러면서 오히려 나에게 너무나 감사하다고 하셨다. 일행을 부르시더니 간증할 것이 있다며 그 자리에서 나와 있었던 일을 간증하셨다. 하나님이 다른 사람을 사용하실 수도 있는데 당신을 사용하셨다는 사실에 참으로 기쁘고 감사하다고 말씀하셨다. 그러더니 공항을 나오시면서 "샌드위치를 만들려면 자릿세만 필요한 거 아니고 재료비도 있어야 하는 거 아닌가요? 이거는 재료비로 써주세요!"라며 500달러를 더 주셨다.

집으로 돌아와서 성도들을 소집하고 다음 날 점심에 팔 샌드위치를 열심히 만들었다. 그리고 샌드위치를 가지고 행사 장소에 갔는데 당연이 있을 줄 알았던 자리가 다 팔리고 하나도 안 남은 것이다. 그러니 우리들은 그곳에서 장사를 할 수가 없게 된 것이다. 아뿔사! 이런 일이! 우린 가지고 간 샌드위치를 하나도 팔

수 없게 되었다.

결국 성도들은 그 샌드위치를 집안 식구들 숫자대로 다 가지고 갔다. 비록 돈은 못 벌었지만, 식구들이 먹을 샌드위치를 잔뜩 가지고 돌아가게 되어서 성도들의 얼굴은 다 즐거워 보였다.

장로님이 한국으로 돌아가시기 전에 인사를 드리러 찾아가, 자릿세로 받았던 1천 달러의 헌금을 돌려드렸다. 다시 돌려드리는 것이라고 하면 안 받으실 것 같아서 읽을거리를 드리면서 뒤편에 돈 봉투를 넣어 두었다. 그리고 자초지종을 설명한 편지를 넣었다.

다음 날 아침에 전화가 왔다. 공항으로 떠나기 전인데 좀 만나자고 하셨다. 꼭 만나야 한다고 말씀하시기에 전날 돌려드린 돈을 다시 주시려는 것 같았다. 그래서 인사는 어제 드렸으니 오늘은 공항에 못 나갈 것 같아 죄송하다고 말씀드렸다. 그런데 장로님 일행이 공항에 가기 전에 점심 먹는 식당이 있으니 거기로 꼭 나와 달라고 거듭 말씀하셨다. 어른이 자꾸 그렇게 말씀하시는데 계속 안 나가겠다고 하는 것도 예의가 아닌 것 같아 식당으로 갔다. 나를 본 장로님이 말씀하셨다.

"내가 아프리카에 온 이유가 바로 임 선교사를 만나러 온 것 같다는 생각이 들어요. 공항에서 모든 일행들의 짐들이 도착하지 않아서 지체된 것과 그때 짐 찾는 곳까지 들어와서 우리들을 도와준 임 선교사. 그리고 내가 1천 달러를 주었는데 그 돈을 쓰지 않게 되었다고 다시 돌려준 것. 사실 나는 1천 달러 헌금하고 그것이 끝이라고 생각했는데 이렇게 1천 달러를 다시 돌려주는 임 선교사를 보면서, 하나님이 매달 임 선교사를 도와주라는 말씀으로 들렸습니다. 다음 달부터 매달 100만 원씩 선교 헌금을 보내도록 하겠습니다. 그리고 이 돈 1천 달러는 다시 받으시기 바랍니다."

장로님은 거듭 아프리카에 온 이유가 나를 만나기 위한 하나님의 계획이었다고 말씀하시고는 케냐를 떠나셨다. 그리고 장로님은 말씀하신 대로 매달 지금까지 단 한 달도 거르지 않고 100만 원의 선교 헌금을 보내 주신다. 바로 그 100만 원이 아이들 일곱을 키우는 양육비로 쓰이고 있다. 이렇게 나는 선한 일을 시작하면 그 일을 이루어 가시는 하나님을 또 한 번 경험하게 되었다.

Chapter 05

# 함께 성장하는 멘티들과의 만남

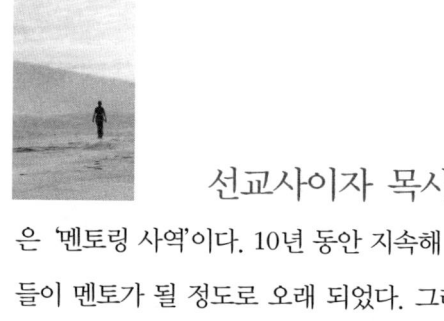

선교사이자 목사인 나의 또 다른 사역은 '멘토링 사역'이다. 10년 동안 지속해 온 이 사역은 이제 멘토들이 멘토가 될 정도로 오래 되었다. 그래서 나는 '왕 멘토님'이라고 불리기도 하지만 사실 '멘토링'이라는 말의 확실한 개념을 알고 시작한 것은 아니었다.

1994년 케냐 선교사로 파송된 후 1995년 단기 선교팀을 맞이하게 되었다. 단기 선교는 방학을 이용하여 한국이나 미국에서 짧으면 일주일에서 길면 한 달까지 대학생들이 선교를 경험하러 오는 것을 말한다. 그때 조효진이라는 여대생이 단기 선교팀의

팀원으로 왔는데, 단기 사역을 마치고 한국으로 돌아가기 전에 내 사무실에 찾아왔다.

개인적으로 상담할 것이 있다고 해서 상담을 해주고 난 다음 주소를 주고받았다. 한국으로 돌아간 효진이는 나에게 편지를 보냈고 나는 편지가 올 때마다 답장을 해주었다. 그때는 이메일을 쉽게 사용하는 때가 아니라서 서로 직접 쓴 편지로 삶의 이야기들을 나누었다.

그러다 1999년 가을쯤 멘토링 사역을 시작하려고 하는데, 효진이를 첫 멘티로 삼고 싶다고 먼저 제의했다. 효진이는 그 제안을 아주 기쁘게 받아들여 주었다. 나중에 알게 되었는데 효진이 역시 멘토가 생기기를 기도하고 있었다고 한다. 그러니 나의 제의를 기도의 응답으로 받아들인 것이다.

그렇게 멘토링을 시작하게 되었고 후에 효진이 친구 중 한 명이 멘토링을 받고 싶다고 해서 그 친구도 합류하게 되었다. 멘티의 선발은 내가 먼저 제안한 이들도 있고, 어느 청년 집회나 세미나를 마친 뒤에 나에게 찾아와서 멘토가 되어 달라고 먼저 부탁해온 이들도 있다.

멘티들마다 나름대로 다 멘티가 되는 과정에서 생겨난 아름다운 이야기들이 있다. 지금 여의도순복음교회의 외국인 예배국에서 사역을 하고 있는 최성혜 전도사도 그런 경우이다.

한번은 선교대회 기간에 새벽 일찌감치 성혜가 온갖 정성을 들여 도시락을 싸서 숙소로 찾아왔다. 그 도시락과 함께 아주 정성스럽게 쓴 긴 편지를 나에게 주고 나갔다. 그 편지에는 '야생마 하나 키워 보지 않으시겠습니까?'라는 말과 함께 멘토가 되어 달라는 글이 쓰여 있었다. 그 새벽에 정성껏 싸 가지고 온 도시락도 감동이었지만 편지의 문구는 더더욱 감동이었다.

이렇게 한 명 한 명 합류하게 되어 지난 1999년부터 2009년이 되기까지 열여덟 명가량의 멘티들을 키웠다. 물론 도중에 그만두는 경우도 있기에 모두가 끝까지 함께한 것은 아니다.

나의 멘토링에는 원칙이 있다. 일단 멘토링을 받으려면 매일같이 묵상을 글로 적어야 한다. 맨 처음 멘티가 되려면 21일을 하루도 거르지 않고 글로 적은 묵상 내용을 보내야 한다. 그러고 난 다음 정식 멘티로 인정이 된다. 그때부터는 멘토링에 들어가는데 멘티와 멘토는 삶을 있는 그대로 투명하게 나누는 사이가 된다. 삶의 기쁨, 슬픔, 자랑, 부끄러움, 모든 것을 다 투명하게 서로에게 보이면서 주님의 말씀 안에서 권면해 주고 격려해 주고 기도해 준다.

나는 멘티들이 보내오는 묵상을 읽으면서 이들의 삶에 어떤 기도가 필요한지를 알게 되고 그에 따른 기도를 해준다. 그리고 묵상 글 가운데 성경 말씀을 잘못 해석해서 건강하지 않게 삶에 적용한 것이 눈에 띄면 그러한 것을 바로 잡아 주기도 한다. 내가 멘토링을 그만하자고 하는 경우는 없지만, 만약에 멘티가 멘토링을 받으면서 2주 동안 아무런 설명 없이 묵상을 나에게 보내지 않으면 '자동 자퇴'가 된다. 그만두겠다고 하는 말이 없어도 자연적으로 그 멘티는 더 이상 멘토링을 받지 않겠다는 뜻으로 알고 멘토링을 하지 않는다.

본래 열여덟 명 정도 되었지만 몇 년 하다가 그만둔 사람도 있고, 1, 2년 하다가 그만둔 이들도 몇 명 있다. 처음부터 지금까지 함께하고 있는 정식 멘티는 총 일곱 명이다.

멘토링을 받는 것이 모두에게 도움이 되었는지는 모르겠다. 내가 멘토로 투명하게 나눈 삶이 어떤 멘티에게는 '불편함'으로 여겨졌을 수도 있었던 것 같다. 그 외에도 매일같이 해야 하는 지속적인 영성 훈련이 버거운 것일 수도 있다. 멘토링에서 매일 묵상을 글로 보내야 하는 것을 우선으로 해야 하는 것은 당연한 일이고, 멘티들은 매달 자기 훈련서라고 하는 '작정서'를 보내야 하니 말이다.

나는 영성훈련에서 '일관성'을 무척이나 중요하다고 생각한다. 그래서 묵상뿐만 아니라 새벽기도 혹은 성구 외우기 등을 통해 영성훈련을 하기로 작정했다면 꾸준하게 하루도 빠지지 않고 하는 것이 중요하다고 믿는다. 그래서 멘티들은 '일관성'에 대한 것을 먼저 배우게 했다. 일관성 있는 영성 훈련이야 말로 내가 멘티들에게 반드시 전수해 주고자 하는 경건 훈련이기 때문이다.

지금 나에게는 정식 멘티 일곱 외에도 그 멘티가 멘티를 만들고 또 그 멘티가 또 멘티를 만들고 있어서 나는 '멘토님'이라고 불리기도 하지만 내 멘티의 멘티들은 나를 일컬어 '왕 멘토님'이라고 한다.

케냐에서 사역을 하고 있기 때문에 자주 만남을 갖지는 못하지만 적어도 1년에 한 번은 선교대회에 참석하기 위해 한국에 꼭 간다. 한국에 가면 내 멘티들과 그리고 멘티의 멘티들을 모두 한 자리에 모아놓고 그동안 멘토링 받으면서 어떠한 성장이 이루어졌는지에 대한 이야기를 서로 나눈다.

멘티 중에 고등학교 중국어 교사인 임신애라는 멘티가 있다. 멘티 신애가 멘토링을 받고 난 다음 다섯 명의 멘티를 멘토링 하는데 그 멘티들 중 한 명이 또 멘토링을 시작하고 그 멘티 중 한 명이 또 멘토링을 시작했다. 지난번에 한국에 갔더니 그야말로 손녀, 증손녀, 고손녀 멘티까지 만들어진 것을 알게 되었다. 참으로 흐뭇한 일이 아닐 수 없다. 멘티들에게 늘 내가 멘토로서 입버릇처럼 한 이야기는 '묵상에 생명을 건다고 생각해라!' 였다.

내 힘으로는 멘티들을 다 잘 키울 수가 없다. 하지만 내가 확실히 믿고 있는 것이 하나 있다. 누구라도 말씀을 깊이 묵상하고 매일같이 그 묵상을 습관화하고, 말씀을 삶에 적용한다면 그 사람은 하나님의 도움으로 성장하는 그리스도인이 될 수 있다는 것이다. 하나님의 말씀 안에서 뿌리를 견고하게 내려 강력한 힘을 지닌 삶을 살 수 있다.

멘티들의 성장을 바라보면서 느끼는 감사는 한두 가지가 아니다. 처음에는 내가 멘토링을 해주는 것이 나의 사역을 하는 것이라고 생각했다. 하지만 멘토링을 하면서 나는 넘치도록 많은 격려와 사랑을 받고, 감사와 기쁨을 맛보게 되었다. 그것들이 넘쳐 흘러서 지금은 내가 한 사역 중 가장 보람된 사역으로 손꼽을 정도이다.

나는 그리스도 안에서 가장 바람직한 인간관계가 서로의 영적 성장을 가져다주고, 서로가 더욱 하나님과 가까워지는 것이라고 믿는다. 그런 면에서 한 사람, 한 사람 소중한 멘티들과의 만남은 하나님이 기뻐하시고 또 그분이 허락하신 만남이라는 것을 믿어 의심치 않는다.

 ## 최고의 날 묵상

**2003. 7. 27. 주일 《갈라디아서 2:21》**

"내가 하나님의 은혜를 폐하지 아니하노니 만일 의롭게 되는 것이 율법으로 말미암으면 그리스도께서 헛되이 죽으셨느니라."

율법으로 살지 않아도 되는 우리들, 예수님이 돌아가 주셨으니 그 은혜로 살면 된다. 그러나 은혜로 살게 되었기에 지키고 싶은 율법들.

어제는 한국에서 여의도순복음교회 월드 미션팀에서 단기 선교팀이 일곱 명 왔다. 케냐에 한 달 정도 머무는데 그 중에 하루인 어제 우리 집에 오게 되어 있었다. 리무르 아이들의 '토요 잔치'를 맡아 사역하기 위해서.

이 학생들이 온다고 해서 자장면을 만들었다. 금식 중이라 맛보는 것에 좀 소홀히 할 수밖에 없었지만, 뭐 평소 실력이 있는지라 대충 만들어도 학생들이 아주 맛있게 먹었다. 그 중 한 명이 자꾸 먹어서 뚱뚱해진다고 말을 했나 보다.

그때 수진이가 "아니에요 날씬해요." 그렇게 말을 했다. 학생들이 다들 웃는데 그 말을 들은 학생이 "한국 애들은 거짓말을 못하는데……." 이렇게 말을 했다. 아니다. 내가 그렇게 들었다.

아니 한국 애들은 거짓말 못하는데? 그러면 아프리카 애들은 거짓말을 한다는 말이야? 수진이가 거짓말을 했다는 이야기 아냐 이거. 어? 이러면 안 되지. 수진이가 거짓말을 한 것이 아닌데. 수진이는 이럴 때 상처받는다. 자기가 좋게 이야기한 것을 다른 사람이 거짓으로 남 기쁘게 해주기 위해 빈말했다는 식으로 들려지면 말이다. 아유, 이럴 땐 엄마가 좀 가만 있어도 되는데 애를 사랑하는 마음에 그만 그 자매한테 말했다.

"우리 자매님, 수진이한테 사과해야겠네. 수진이가 거짓말 한 거 아닌데 그렇게 말하면 수진이가 거짓말한 사람이 되지 않겠어요? 한국 애들은 거짓말할 줄 모르니까 있는 그대로 말하는데 수진이는 거짓말을 했다는 이야기가 되네. 수진이는 한국에서 하는 농담들을 잘 이해하지 못하거든요. 수진이가 상처를 안 받으려면 우리 자매님이 사과해 주어야겠네."

그랬더니 그 자매님이 덧붙였다.

"어? 제가 한 말은 그런 뜻이 아닌데요. 애들은 거짓말을 못한다는 말을 했는데요. 그러니까 수진이가 말을 맞게 잘 했다는 뜻이에요?"

"애들은 거짓말을 못한다고 그랬나? 나는 왜 한국 애들은 거짓말을 못한다고 알아들었지. 그러면 내가 사과해야겠네. 내가 잘 못 알아들었으니 미안해요."

이렇게 대충 이야기가 끝났다. 뭐 내가 좀 멀쑥해지기는 했지만 나 역시 말을 잘 못 알아들은 거였으니 나중에 그 자매한테는 따로 "기분 상하지 않았어요?" 하고 사과를 했다. 그렇지만 학생들이 속으로 나를 뭐라고 생각했을지. 음…… 그런 거 너무 오래 생각하면 내 기분이 저조해지니까. 뭐 나도 고의로 한 게 아니고 내 품위 유지에 너무 신경 쓰는 것도 사치라고 생각할 정도로 요즘은 성숙해 있으니까 그렇게 털고 넘어가기로 했다.

그런데 그 다음 일이 참 재미있다.

수진이가 팀원들하고 찻밭에 갔다가 집으로 오는 길이 너무 멀어서 오줌을 참지 못했던 것 같다. 그래서 옆에 천 목사님 집에 도착하자마자 화장실에 갔다. 내가 아침에 멜빵 바지를 입혔는데 급해서 그 멜빵을 풀지 못하고 바지에 오줌을 싼 것이다. 나는 팀원들이 사역을 다 마치고 천 목사님 집에 갔다고 해서 그 집에 팀원들을 데리러 가는 도중에 수진이를 만났다. 아닌 게 아니라 이 녀석 바지에 오줌 싼 흔적이 그야말로 역력했다.

웬일이냐고 했더니 참을 수 없었던 그 경위를 설명한다. 나더러 다른 사람들한테 말하지 말라고 그런다 (가만 있어 봐. 이거 묵상에 띄웠다고 이따가 고백해야겠네.)

그래서 "응, 그럴 수 있지. 집에까지 오는 길이 너무 멀었나 보구나? 얼른 가서 옷 갈아입으렴. 괜찮아."라고 말해 주었다.

그리고 나는 팀원들을 데리고 다시 우리 집으로 왔다. 그런데 옷을 갈아입는 수진이 얼굴에 눈물 흘린 자국이 있었다. 어, 이 녀석 왜 울었지?

먼저 내게 할 말이 있다고 한다. 할 말? 무슨 말일까? 이야기를 들어 보니 자기가 천 목사님 집에 가서 화장실에 급히 가려고 했는데 그렇게 못하고 바지에 쌌을 때 사모님이 무슨 일이냐고 물어보셨단다.

그때 너무 창피해서 오줌을 쌌다는 말을 못하고 그냥 물을 흘렸다고 그랬단다. 근데 그것이 거짓말이니까 사모님께 전화를 해 달란다. 아까 죄송하다고. 물을 흘린 것이 아니고 오줌을 싼 것이었다고. 사실대로 말 안하고 거짓말해서 죄송하다고. 나더러 대신 말을 좀 해 달라고 한다.

녀석. 그 녀석의 눈물 어린 눈을 가만히 내려다보면서 미소를 지었다. 그리고 수진이를 바라보며 "우리 수진이 아주 훌륭하네. 엄마는 수진이가 아주 자랑스럽구나. 그래, 거짓말은 거짓말이지. 그것을 사과할 수 있는 수진이는 참 훌륭해. 근데 수진아, 네 말이 맞기도 해. 물을 흘린 것이라고 했다면서? 오줌이 뭐냐면 물 같은 것을 많이 마셔서 속에 물이 고여 있다가 밖으로 나오는 거야. 그러니까 물은 물이지 뭐."

내가 깔깔깔 웃었더니 수진이도 웃는다. 결국엔 내가 전화해 주기로 하고 이야기를 마쳤다.

전화 걸어서 사모님께 죄송하다고 했더니 사모님이 이렇게 말씀하신다.

"수진이한테 저도 물로 생각한다고 전해 주세요." 그러신다.

전화 마치니까 수진이가 궁금해 하면서 물었다.

"엄마 사모님이 뭐라고 그러셔?"

"응, 사모님도 물로 생각하신대."

웃는 수진이를 꼭 안아 주었다. 그리고 남들이 알아듣지 못하게 키스왈리어로 수진이게 "Nina kufurahia sana!"라고 말해 주었다. '나는 너를 대단히 자랑스럽게 생각한다.'라는 뜻이다.

수진이하고 나하고 때로는 한국 사람 미국 사람 다 못 알아듣게 가끔 이렇게 둘이서 씽긋 웃으면서 키스왈리어로 얘기한다. 우리 둘의 비밀 언어인 키스왈리어.

수진이가 방실방실 웃는다. 그날 수진이가 참 고마웠다. 언제나 정직하게 자라 달라고 부탁했는데 정직하게 자라려고 노력해 주고 있어서 말이다.

"이제는 내가 사는 것이 아니요, 오직 내 안에 그리스도께서 사시는 것이라. 이제 내가 육체 가운데 사는 것은 나를 사랑하사 나를 위하여 자기 자신을 버리신 하나님의 아들을 믿는 믿음 안에서 사는 것이라(갈라디아서 2:20)."

우리가 율법으로 구원받은 것은 아니지만 율법은 이미 받은 구원에 감사한 마음으로 지키면서 살아가고 싶은 행복한 지침서가 된다. 곧 율법의 완성이 되신 분이 내 안에 살아가기에 율법을 지키려고 하는 노력이 이제는 구원을 바라보는 필수조건이 아니고 감사함에서 저절로 우러나오는 행동이 된다.

누구나 살면서 율법을 어기고 싶을 때가 있다. 그러나 그 율법을 어기고 싶은 유혹을 벗어나는 방법이 꼭 벌을 내리시는 하나님을 두려워해서 하는 것이라면 싫다. 물론 그 동기도 나쁜 것은 아니다. 어쨌거나 죄를 짓지 않으려면 이 방법 저 방법 총 동원하여 짓지 않으면 좋으니까.

나는 하나님이 우리에게 "너 이렇게 하면 혼날 줄 알아? 알아서 해!" 이렇게도 말씀하신다고 생각한다. 성경에 보면 그런 구절이 많이 나오기도 한다. 나중에는 뭐 겁주실 때 3대가 어떻게 되고 이런 말씀도 거침없이 나오는 것이 사실이다. 그런 말씀도 다 잘 새겨들어야지. 하모 하모이다.

그러나 성경에는 하나님의 따스한 사랑 이야기가 훨씬 더 많다. 간음하다 잡힌 여인 앞에서 예수님이 땅바닥에 글을 쓰지 않으셨던가 말이다. 뭐 마땅히 쓰실 글이 있었겠는가. 벌거벗은 여인, 간음하다 잡혀온 여인, 걸친 옷인들 시원찮았겠는가. 30대의 남자 앞에서 혹 당황하고 부끄러워할까 봐. 그 불편한 눈길 가려주시려고. 땅에다 무엇인가 글을 쓰셨을 주님. 따스한 분 그분 아니신가?

율법을 지켜 가는 이유는 받아야 할 벌이 무서워서가 아니라 하나님의 사랑에 대한 자그마한 보답이 그 마음의 기본이 되어야 한다고 생각한다.

하루를 연다. 새 하루를. 오늘은 키스왈리어로 설교하는 날이다. 성도들과 한 약속이니까 지켜야 한다. 오늘은 항상 가는 교회가 아니고 처음 개척했던 교회로 간다. 이곳은 찬양할 때 북을 치면서 하는데 나는 이 교회의 예배가 나름 참 괜찮다고 생각한다.

키쿠유 부족의 냄새가 물씬 나는 그런 찬양을 드리는 곳이다. 내가 나중에 키스왈리어가 아주 자연스럽게 되면 그때는 키쿠유어를 배울 생각도 있다. 키쿠유 말로 설교하는 날에는 성도들이 아주 완전히 뿅 갈 것이다.

크. 생각만 해도 흥분과 전율이 느껴진다.

음, 근데 아직 키스왈리어도 부족한데 키쿠유어는 언제?

주님, 키스왈리어로 설교를 잘 할 수 있도록 오늘 도와주시고 오늘은 천 목사님 둘째딸 예영이의 생일잔치가 있습니다. 축하 파티를 준비하는 사모님을 피곤치 않게 해주시고 예영이가 무럭무럭 건강하게 잘 자라고 밝고 맑고 예쁘고 총명하게 주님의 사랑을 받고 사람들의 사랑을 받으면서 선교지에서의 어린 삶을 풍성하게 살도록 축복하여 주옵소서. 예영이를 축복합니다.

좋은 날입니다, 주님!

Part 4

# 빛 된 그리스도인의 삶을 위한 경건 훈련

구원은 거저 얻는 것이지만, 신앙 성장이나 가치 있는 인생의 창출은 자기 훈련을 통해서만 가능하다고 믿는다. 물론 그 훈련 과정에서 인간의 노력이 아닌 하나님의 은혜가 반드시 필요하다는 것은 두말할 필요가 없다. 하지만 우리가 이렇게 노력하며 주님의 은혜를 구할 때 우리는 좀 더 성숙한 그리스도인의 자리에 설 수 있게 될 것이다.

Eunice, why do you think that God has sent you from all the way America to Africa?

Chapter 01

# 하나님이 키워 주시는 작은 선교사

현재 열다섯 살인 수진이는 가끔 내가 보아도 매우 대견스럽게 잘 자라 주고 있다. 잘 자라 준다는 말뜻에는 내가 키웠다기보다는 하나님의 은혜로 잘 성장하고 있다는 뜻이 포함된다.

이런 수진이를 보고는 많은 사람들이 "수진이를 어떻게 키우셨나요?"라고 물어보곤 한다.

한번은 어느 목사님이 수진이를 칭찬해 주면서 "수진이가 어쩌면 이렇게 잘 컸지요? 수진이를 키운 특별한 양육법이 있나요?" 하고 물어보셨다. 부모로서 이런 질문을 받을 때는 정말 감사한 마음이 저절로 든다. 그리고 그렇게 질문을 해준 사람의 후하게 봐주는 눈길에 감사하게 된다.

나는 그런 질문을 받으면 예수님을 믿는 엄마라면 누구라도 그렇듯이, "물론 다 하나님의 은혜이지요!"라고 대답한다.

그때 내 답변을 들으신 목사님이 말씀하셨다.

"물론 다 하나님의 은혜이지요. 하나님의 은혜가 아닌 것이 어디 있겠어요. 내가 묻는 것은 인간적인 방법으로는 어떻게 아이를 키웠냐 하는 것이지요."

그 목사님 말씀처럼 '인간적인 방법'을 말하자면 내 나름대로의 '원칙'에 대해 말할 수 있을 것이다.

가장 큰 원칙은 먼저 모범을 보이는 부모가 돼야 한다는 것이다. 만약 아이에게 거짓말을 하지 말라고 가르쳤다면 부모가 거짓말을 하지 말아야 하는 것은 당연한 이치일 것이다. 그런데 나는 여기서 더 나아가 아이에게 거짓말을 해야 하는 상황을 만들지 않도록 노력했다.

예를 들면 아이가 전화를 받았을 때, 엄마가 집에 있는데 엄마 없다고 말하라고 시키는 것 등의 일을 말한다. 별 것 아닌 것 같고, 사소해 보이는 일에서도 아이에게 본이 되어야 한다는 원칙을 스스로 지키기 위해 노력했다. 그런 면에서는 좋은 엄마가 되려고 노력했다기보다 좋은 '그리스도인의 본보기'가 되기 위해 노력했다는 것이 더 맞을 것 같다.

또 말로만 가르치는 엄마이기보다는 직접 '보여 주는 엄마'가 되기 위해 애썼다. 물론 나 역시 슈퍼맘이 아닌 이상 어떻게 아이에게 완벽하고 바른 모습만 보여줄 수 있겠는가. 이것들 역시 내 노력이 아닌 하나님의 은혜로 가능했던 일들이다.

나는 보통 새벽 4시에 일어나서 가장 먼저 묵상을 한다. 말씀을 읽고 그 말씀을 내 삶에 적용하는 글을 쓴다. 예전에는 노트를 사용했는데 요즘은 컴퓨터를 사용한다. 묵상을 글로 쓰는 이 '경건의 훈련'을 선교지에 온 후부터 10년 이상의 세월 동안 단 하루도 거른 적이 없다. 그래서 수진이가 아침에 일어나서 처음 보게 되는 모습은 엄마가 컴퓨터 앞에 앉아 있는 모습이다. 수진이가 네 살쯤 되었을 때 컴퓨터 앞에서 묵상하고 있는 내게 물어보았다.

"엄마 지금 뭐해?"

"Q.T!"

"Q.T? Q.T가 뭐야, 엄마?"

"응, Q.T라는 것은 'Quiet Time'이라고 하나님하고 조용한 시간을 갖는 것을 말해. 하나님의 말씀을 읽으면서 하나님과 이야기하는 시간이지."

수진이가 일곱 살가량 되었을 때 수진이는 컴퓨터 앞에서 묵상하고 있는 내게 와서 이렇게 말했다.

"엄마, 나도 Q.T 하는 것 좀 가르쳐 줘!"

수진이가 먼저 Q.T를 가르쳐 달라고 했기 때문에 아직 어리다고 생각될 수도 있는 나이지만, 그날 바로 수진이에게 Q.T 방법을 가르쳤다. 우선 쉽게 이해할 수 있도록 본보기를 보여 주었다.

"먼저 날짜를 쓰고 그 다음 성경 한 장 읽는 거야. 그리고 한 장 읽은 성경에서 가장 네 마음에 드는 성구를 뽑아. 그리고 그 성구가 왜 네 마음에 특별히 와 닿는지 이유를 쓰면 돼. 그리고 그 성구를 하루 동안 어떻게 적용할 것인지를 쓰는 거지. 그 다음에는 기도를 써. 네가 하루 동안 해야 할 일들을 도와 달라는 기도와 그냥 네 마음에 느껴지는 대로 하나님께 하고 싶은 이야기를 기도로 올리는 거야. 그리고 난 다음에는 주님이 너에게 뭐라고 말씀하는지 귀 기울여 봐. 하나님은 우리들에게 말씀하시는 분이거든. 공중에서 무슨 소리가 들리는 것이 아니고 네 마음속에 하나님이 말씀을 하셔. 묵상을 다 마치고 난 다음에는 하나님께 이런 기도를 드려! '주님 듣기를 원합니다. 저에게 말씀해 주세요.' 그러고 난 다음에 네 마음에 드는 모든 생각을 하나님이 직접 너에게 이야기하시는 것이라고 믿고 그냥 적어 봐. 하나님

음성도 자꾸 듣기를 연습하면 되는 거야. 다 쓰고 나면 엄마가 한 번 읽어 볼게. 괜찮지?"

수진이는 그렇게 Q.T를 배웠다. 처음부터 창세기를 하면 이해하기 어려울 같아 시편부터 묵상하라고 했다. 일곱 살 때부터 열 살 때까지는 Q.T를 가끔씩 거르기도 했지만 요즘은 단 하루도 거르지 않고 글로 적는 Q.T를 한다. 그래서 친구 집에 가서 잠을 자게 되면 가장 먼저 챙기는 것이 성경책과 큐티 노트이다.

매일 나의 묵상하는 모습을 보며 자랐기 때문에 수진이는 묵상을 의무감이나 숙제처럼 느끼지 않고 스스로 자연스럽게 체득하게 되었다. 한 번도 수진이에게 Q.T를 하라고 강요한 적이 없다는 점에서 본이 되는 부모의 중요성을 다시 한 번 느끼게 되었다.

또한 수진이가 처한 환경이 보통의 아이들과 다른 점이 많다는 것을 인정하고 모든 부분에서 최대한 친절히 설명하는 편이다. 예를 들어 수진이가 혼혈아라는 것, 학교 친구들과 생김새와 종교가 다른 것, 부모가 선교사라는 것 등은 분명 특수한 상황이긴 하다.

한번은 수진이가 혼혈아인 것에 대해서 이렇게 말해 주었다.

"수진아, 아빠는 미국 사람, 엄마는 한국 사람이야. 그래서 수진이는 미국인 반 한국인 반이란다. 하나님이 수진이에게 한국인의 피를 반 갖게 해준 것은 분명 특별한 계획이 있다고 생각해. 그리고 수진이는 한국 사람이기도 하기 때문에 꼭 한국말을 배워야 한단다."

수진이는 나의 이런 설명들을 잘 이해해 주었고, 별다른 거부감 없이 나이로비에 있는 한글학교에 어렸을 때부터 다닌 덕분에 한글을 쓸 수 있게 되었다.

한국어 공부를 위해 집에서는 나와 한국말만 쓰도록 했다. 주위에 한국말을 하는 친구들이 없어서 수진이는 엄마인 나와 한국말을 쓰지 않으면 한국말을 사용할 기회가 전혀 없기 때문이다. 그래서 수진이는 아빠한테는 영어로 나에게는 한국어로 말하도록 했다. 잠자기 전에는 Q.T를 마치고 난 다음 꼭 한글 성경을 세 구절씩 적게 했다. 처음에는 10절씩 적게 했더니 좀 부담스러워 하는 것 같아서 5절로 줄여 주고 그러다가 또 3절로 줄여 주었다. 대신에 방학 때는 10절씩 꼬박꼬박 쓰게 한다.

어느 여자 선교사님이 한번은 이렇게 말했다.

"수진아, 이모는 우리 수진이를 위해 매일 기도하는데 수진이는 이모를 위해 무슨 기도를 하고 있니?"

"저는 이모의 어휘력이 늘어나도록 기도하고 있어요."라고 한국말로 또박또박 대답을 해서 그 선교사님이 무척 기특해 했던 기억이 있다. 그때 그 선교사님은 우리가 살고 있는 리무르 언어학교에서 키스왈리어를 배우고 있었다. 그러니 수진이는 참으로 적절한 기도를 하고 있었으며, 그것을 어린 수진이가 한국말로 또박또박 말했으니 더욱 놀랐던 것이다.

평소에도 수진이를 데리고 운전할 때면 가능한 한 한국말을 가르치려고 한다. 지름길로 갈 때면 '지름길'이라는 한국말을 가르쳐 주고, 영어로 다시 말을 해준다. 'short cut'의 말뜻은 한국말로 '지름길', 이렇게 한 단어를 반복해서 가르쳐 준다. 그리고 그날 배운 단어는 그날 연습할 수 있도록 다시 물어보곤 한다. 그리고 외할아버지가 좋아하는 오래된 흘러간 노래도 가르쳐 준다.

"두만강 푸른 물에 노 젓는 뱃사공~."

이 노래는 수진이가 부르는 흘러간 노래 중 18번이 되었다. 때로는 한국에서 장로님들이 오실 때 이 노래를 불러 드리면 장로님들이 수진이의 구성진 노래를 듣고 많이 즐거워하신다.

흘러간 옛 노래 외에도 엄마인 내가 좋아하는 노래라든가 '캔디' 같은 예전 만화 주제곡, 동요들, 그리고 찬송가까지 빠뜨리지 않고 가르쳤다.

수진이가 어려서 내가 재워 줘야 할 때는 자기 전에 꼭 한국 찬송가 세 곡을 같이 부르고 잠을 자기도 했다. 한국 사람이니 한국

교회에 갈 기회가 있을 것 같아 한국 찬송가를 익히게 한 것이다.

그리고 수진이가 장차 선교사가 되고 싶다고 했기 때문에 남편은, 선교사는 여러 언어를 구사할 줄 알아야 한다고 항상 강조했다. 그래서 현지인 학교를 보내 키스왈리어를 익히게 했다. 그 결과 현재는 키스왈리어를 가장 유창하게 할 수 있게 됐고, 방학 때면 키쿠유 친구들을 만나 사귀면서 키쿠유 부족 언어를 배우게 했다. 이곳 케냐의 문화는 현지인 아이들과 함께 학교생활을 하면서 자연스럽게 익히게 했다. 아프리카는 영어를 쓰는 나라도 많이 있지만 불어를 쓰는 나라도 있어서 과외로 불어를 배우도록 했다.

이곳은 과외 비용이 참 저렴하다. 1시간 동안 불어를 가르쳐 주는 선생님에게 한국 돈으로 약 1500원을 드리면 된다. 그래서 시킨 불어 과외 덕에 지금은 불어로 쉬운 대화를 하는 정도가 되었다. 뿐만 아니라 세계적으로 많이 쓰이고 있는 언어가 스페인어이므로 컴퓨터의 학습 프로그램으로 스페인어를 독학하도록 했다. 다행히도 수진이는 버거워하지 않고 이런 언어 공부를 매우 즐긴다. 특별히 스페인어를 무척 좋아한다.

또 수진이는 아프리카 케냐에서 복음성가 가수로 데뷔했다. 어린 나이지만 남편이 수진이의 '끼'를 일찌감치 발견해 추진된 일이다. 남편은 수진이의 찬양 CD를 취입하였고 그 반응은 우리의 예상을 뛰어넘었다. 수진이의 노래가 그야말로 인기 복음성가로 케냐에서 뜬 것이다. 이곳저곳 신문사와 잡지사에서 인터뷰를 하게 되었으며 케냐의 가장 지지도 있는 「네이션스(Nations)」라는 일일 신문 커버의 전면에 인터뷰가 나가기도 했다.

수진이는 지금 열다섯 살이다. 작년까지 현지인 학교에 보내다가 올해부터는 95%가 인도 아이들인 사립학교에 보내고 있다. 아프리카 케냐에는 인도 사람들이 많이 살고 있다. 상권의 주축을 이루는 사람들이 인도 사람들이라고 한다. 인도 사람들은 거의 무슬림이다. 그러니 수진이를 무슬림 학교에 보내는 것이나 마찬가지다. 사실 한편으론 조심스럽고 걱정되기도 했다. 하지만 지금은 수진이가 그곳에서 어떻게 그리스도인으로서 영향력을 끼쳐 나갈지 무척 기대된다.

아니나 다를까 인도 학생들이 대부분인 새 학교에서 수진이는 삽시간에 인기 학생이 되었다. 수진이가 하는 것은 친구들이 다 따라 하고 싶어 한다는 것이다. 그래서 수진이에게 수진이 하면 Q.T가 생각나는 친구가 되라고 했다. 그래서 친구들에게 하나님의 말씀으로 Q.T하는 것을 가르쳐 주라고 했다. 수진이는 아프리카 현지인 학교에 다닐 때도 친구들에게 Q.T를 가르쳐 주었다.

지금도 수진이가 가는 곳마다 하나님의 말씀을 가르치는 일들이 일어나기를 기도하고 있다. 특별히 무슬림 학교에서는 수진이의 '그리스도인의 삶'을 통해서 전도하는 기회가 늘어나기를 간절히 기도하고 있다. 남편은 아이들에게 설교를 먼저 하려고 하지 말고 좋은 품행과 건강한 말씨로 삶의 본보기를 보여 주는 '작은 선교사'가 되어 달라고 부탁을 했다.

상황이 이렇다 보니 벌써부터 작은 선교사의 사명을 다하고 있는 수진이를 보는 사람들마다 하나님이 키워 주는 아이라고 말하곤 한다. 나 역시 그렇게 믿고 있다.

솔직히 엄마로서는 수진이와 많은 시간을 같이 보내지 못한다. 목회자로서 설교나 세미나를 인도하러 외부에 나갈 때가 많고 해외에도 자주 나간다. 그럼에도 불구하고 수진이가 예쁘게 잘 자라 주는 것은 매일같이 하나님 말씀을 묵상하는 습관을 들였기 때문이라고 생각한다. 수진이의 자라가는 모습을 보면서 '하나님의 긍휼하심과 은혜로우심'을 체험한다.

참으로 하나님이 키워 주는 딸이다. 자녀를 통해 하나님의 은혜를 체험할 수 있으니 나야말로 얼마나 복된 부모인가. 내 삶 곳곳에서 은혜를 부어주시는 최고의 하나님 덕에 나는 내 사역과 엄마로서의 역할을 감당할 수 있었다.

Chapter 02
# 아홉 아이들을 키우는 비법 아닌 '비법'

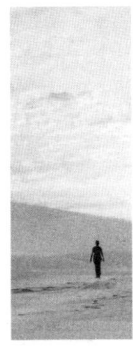

친딸 캔디스(Candice, 한국 이름 수진), 아프리카 양딸 페이스(Faith, 한국 이름으로 수정), 양아들 피터(Peter), 조수아(Joshua), 조셉(Joseph), 또 다른 조셉(Joseph), 존(John), 제임스(James), 스티브(Steve)까지 이렇게 해서 내 아이들이 아홉이다.

사람들은 이 많은 아이들을 양육하는 것이 힘들 것이라고 생각한다. 그래서 많은 사람들이 아홉 명이나 되는 아이들을 어떻게 바르게 잘 키웠는지에 대해 궁금해 할 때면 잘 자라 준 아이들에게 한없이 고맙기만 하다.

우선 우리 삶에서 하나님의 은혜는 기본이다. 그것은 당연한 것이니 이 장에서는 구체적인 방법들에 대해 설명하고자 한다.

내가 아홉 아이들을 바르게 키울 수 있었던 것은 '작정서' 덕분이라고 생각한다. 맨 처음 '작정서'를 아이들에게 나누어 주면서 한 말이 있다.

"구원은 너무 비싸 어떠한 값을 치르고도 살 수 없어서 하나님이 거저 주셨단다. 그러나 '그리스도인의 성숙'은 값없이 그냥 오는 것이 아니란다. 값을 지불해야 하는 거지. 사도 바울도 자기의 몸을 쳐서 복종시킨다는 말을 성경에 쓰셨거든. 그리스도인의 성숙은 '자기 훈련'으로 다져지는 것이라고 믿기에 너희 모두에게 작정서를 준다. 작정서에는 10가지 항목이 있고 그 항목을 매일매일 지켜 가야 한다. 하루를 마치기 전에 지켜진 항목이 몇 개인지 점수를 매기는 거다."

이렇게 시작한 작정서는 월말에 누가 제일 높은 점수인가를 가려서 1등한 사람에게는 상을 주기로 했다.

"그리스도인으로 제대로 성숙하면 하늘나라에 가서 상을 받게 될 것이다. 땅에서 엄마가 상 주는 것은 하늘에서 받을 상의 '샘플'이 된다고 생각하고 최선을 다해 작정서를 매일같이 지키도록 해라!"

이렇게 해서 아이들은 작정서로 스스로를 훈련하게 되었다.

작정서의 항목은 다음과 같다.

첫째, Q.T를 하고 그것을 글로 적는다.

Q.T를 쓰는 방법은 수진이에게 가르쳐 주었던 것과 동일하다. 우선 날짜를 적어야 하고 성경 말씀 한 장을 읽고 그 한 장에서 가장 마음에 드는 성구를 뽑아서 그대로 옮겨 적는다. 그 다음에 왜 그 성구가 마음에 와 닿았는지 이유를 쓰고 그날의 기도 제목을 쓴다. 그리고 '주님으로부터'라는 란을 따로 만들어서 주님의 음성을 듣는 대로 그대로 공책에 옮겨 적는 것이다.

나는 아이들이나 어른들이나 하나님의 말씀을 듣고자 하는 자는 누구나 하나님의 음성을 들을 수 있다고 확신한다. 공중에서 들려오는 어떤 음성이 아니다. 우리 마음을 하나님이 거하시는 성전이라고 성경은 말하고 있다.

"너희가 하나님의 성전인 것과 하나님의 성령이 너희 안에 계시는 것을 알지 못하느냐(고린도전서 3:16)"

하나님의 영이신 성령이 우리 마음 안에 거하신다면 하나님은 우리의 마음을 통해 말씀하신다고 믿는다. 나는 이 Q.T 방법을 수정이가 우리 집으로 온 첫날 가르쳐 주었다. 그러면서 그때 수진이하고 수정이하고 동시에 Q.T를 글로 쓰라고 하면서 하나님이 하시는 음성을 둘 다 각자 적어 보라고 했다. 둘 다 성경 본문은 다른 말씀을 가지고 묵상을 했는데 '주님으로부터'에 적은 글이 동일했다. 하나님이 두 아이에게 동일한 말씀을 하신 것이다. 둘 다 각자 들은 하나님의 말씀을 나에게 이야기하는데 그 말씀이 똑같아서 순간 "와! 주님은 정말 우리들에게 말씀하신다!"라며 아이들과 같이 놀란 적이 있다.

당시에 이미 나는 묵상 생활을 통해 주님의 음성을 듣는 것이 익숙한 일이었다. 하지만 수정이는 이제 막 큐티를 배웠는데 두 아이에게 주님의 음성을 들어 보라고 했을 때 둘이 똑같은 음성을 들었다고 하자, 나 역시도 놀라지 않을 수 없었다.

이런 작은 역사들을 통해 하나님은 그분의 말씀을 듣고자 하는 이들에게 말씀하시는 분이라는 것을 더욱 확신하게 되었다.

나는 아홉 아이들 모두에게 큐티 공책을 사주고 월말이 되면 아이들의 큐티 공책을 한꺼번에 검사한다. 그때는 '주님으로부터' 란을 읽을 때가 가장 재미있다. 아이들이 Q.T를 통해 하나님과 교제하며 그분의 음성을 듣는 습관을 익혀 가는 것이 감사하고 경이롭게 느껴졌다.

둘째, 적어도 하루에 한 시간 기도한다.

아이들 모두에게 기도하는 것을 습관화 하도록 훈련시켰다. 물론 한꺼번에 한 시간 기도를 하지 않아도 아침에 10분 점심에 10분 학교 가는 거리에서 걸으면서 10분하더라도 하루가 다 가기 전에 한 시간 기도의 분량을 채우게 했다. 아이들에게 나는 기도에 대해서는 이렇게 가르쳤다.

"기도는 그리스도인에게는 호흡과 같단다. 호흡에는 들이마시고 내쉬는 호흡이 있듯이 기도 역시 들이마시고 내쉬는 기도가 있어. 들이마시는 기도는 하나님께 '성령으로 저를 충만하게 해주세요.' 혹은 '누구 누구를 사랑하게 해주세요.' 같은 어떤 일에 대한 공급을 간청하는 거야. 반면에 내쉬는 기도는 회개기도란다. 뭔가 잘못을 저질렀을 때 곧 잘못했다고 자기의 죄를 예수님의 이름으로 고백하는 거야."

이런 식으로 아이들이 이해하기 쉽게 또 기도를 편하고 재밌게 느끼도록 가르쳤다. 나아가 좀 더 발전적인 기도로 대적 기도도 말해 주었다. 항상 방어적인 태도로 기도할 것이 아니라 악한 세력에 대해서는 공격적인 기도나 대적 기도를 해야 하기 때문이다. 예를 들어서 누군가를 향하여 시기하는 마음이 일어난다면 이렇게 기도하라고 말해 줬다.

"나사렛 예수의 이름으로 명하노니 시기하는 영은 나를 떠날지어다! 너를 저주하고 물리치니 나를 떠날지어다!"

이렇게 상황을 예로 들어 시범을 보여 준다. 성경에서 마귀를 대적하라고 했으므로 악한 생각들, 악한 습관들, 악한 충동들, 악한 유혹들은 대적기도로 막아내야 한다. 아이들이라고 영적 전쟁에서 자유로운 것은 아니기에 일찌감치 대적 기도를 권면했다. 나아가 다양한 기도의 형식들을 통해 기도의 균형이 이뤄지도록 했다.

또한 모든 아이들은 새벽 예배에 참석하여 규칙적인 기도 시간을 가지게 했다. 그런데 어떤 아이들은 새벽 예배 시간보다 더 일찍 집을 나서야 학교에 도착하기 때문에 참석하지 못하기도 한다. 그러한 아이들은 가능한 한 새벽 일찍 일어나서 혼자서 기도 시간을 갖고 학교에 등교하도록 한다.

셋째, 성경을 세 장 이상씩 읽도록 한다.

묵상은 성경 한 장을 읽은 후 삶의 적용을 위하여 노트에 쓰게 하지만 이것 외에도 성경을 읽도록 지도한다. 하나님 말씀은 우리에게 생명이기 때문에 아이들이 항상 말씀 안에 거하도록 하기 위해서이다. 또 성경만큼 아이들에게 좋은 선생님이 어디 있겠는

가. 사람인 내가 아이들을 가르치는 것보다 하나님이 직접 아이들을 훈계하고 지혜를 주시고 깨닫게 하시는 것만큼 좋은 교육은 없다고 본다.

넷째, 일일일선이다. 우리 가족은 모두 하루에 한 가지씩 착한 일을 해야 한다.

나는 아이들에게 구원은 행위로 얻어지는 것이 아니라고 확실하게 가르쳐 준다. 그러나 구원 받고 난 사람들은 꼭 선한 행위가 따라야 한다는 것을 강조한다. 그래서 작정서에 하루에 적어도 한 가지 이상의 선한 일을 하도록 정해 놓았다.

그래서 우리 집에서는 가끔 웃지 못할 상황이 벌어지기도 한다. 만약 아이들이 하루가 다 가기 전에 선한 일을 한 것이 없으면 서로에게 뭐 필요한 것이 있냐고 물어보며 그것을 가져다주기도 한다.

수진이나 수정이는 잠자기 전에 부엌에서 어슬렁거리면서 설거지할 것이 없냐고 괜히 물어보기도 한다. 해가 지기 전에 갑자기 서로를 도우려고 분주해지는 모습을 보면 행복하면서도 참 재미있다.

다섯째, 절대 정직을 생활화 한다.

아이들에게는 농담을 하더라도 절대로 거짓말을 하지 못하도록 강조해서 이야기한다. 한국에서 단기 선교팀이 왔을 때의 일이다. 일행 중 한 사람이 내게 말했다.

"선교사님 수정이 남자친구 있어요?"

"아니, 내가 알기로는 없는데……."

"어, 그래요! 우리한테 수정이 남자친구 있다고 그러던데요."

"그래?"

나는 수진이를 불러 물어보았다.

"언니 남자친구 있니?"

"아니 없는데!"

"그런데 왜 대학생 오빠들은 수정이에게 남자친구가 있다고 말했다는 거지? 언니 불러 와 봐!"

수정이에게 물었다.

"수정아, 너 남자친구 있다고 오빠들한테 그랬니?"

수정이가 웃으면서 말했다.

"엄마, 농담이었어요!"

"농담? 엄마가 농담이라도 거짓말은 하지 말라고 그랬지!"

나의 반응에 수정이가 당황하는 듯해서 이해하기 쉽도록 설명해 주었다.

"농담이라도 거짓말을 하지 않아야 하는 이유는, 우리 그리스도인들의 평생 비즈니스는 '진실'을 말하는 것이거든. 그런데 평소에 농담이라고 그러면서 거짓말을 습관화 하면 나중에 진실을 말해서 사람들에게 영향력을 미쳐야 하는 때에 그 말에 능력이 있겠니? 그러니까 우리는 평소에도 정직을 사명으로 생각하고 지켜 나가야 해. 알겠니?"

이 이야기는 아이들이 모두 모였을 때 다시 한 번 상기시켜 주었다. 사실 그 나이 또래 아이들이 가장 지키기 어려운 것이 '절대 정직'이다. 학교생활을 하다보면 자기도 모르게 혹은 어쩔 수 없이 거짓말하는 일들이 자연스럽게 늘어날 것이다. 하지만 아이들은 학교에서 그리스도인으로서 구별된 삶을 살아야 한다. 그래서 내가 항상 강조하는 것이 '절대 정직'이다.

다른 아이들도 마찬가지이다. 아이들이 처음에는 어렵게 느낄 수도 있지만 이것이 삶의 습관으로 자리 잡으면 거짓말하는 것이 더 어렵다는 것을 깨닫게 될 것이다.

여섯째, 불평하지 않는다.

말은 습관이다. 습관적으로 불평을 하기 시작하면 이것저것 불평할 것이 항상 눈에 띄기 마련이다. 그러니 불평하지 않는 것을 습관으로 자리 잡도록 해야 한다. 매일 불평하지 않아야 하는 것을 의식하고 염두에 두기 위해 이 항목을 넣어 놓았다. 덕분에 어느 아이 하나도 불평하는 일이 거의 없다. 불평만 안 해도 작정서 점수가 올라가니까 아이들은 자신들의 습관을 바로 잡기 위해 더욱 노력한다. 결과적으로 아이들은 거짓말도 안하고 불평도 안 하는 바른 아이들로 자라게 되었다.

일곱째, 축복된 말하기

좋은 언어 역시 습관화가 되려면 연습이 필요하다. 나는 아이들의 언어습관을 위해 축복된 말하기를 작정서 항목에 넣었다. 축복된 말은 상대편을 높여 주는 말, 칭찬하는 말, 격려하는 말, 복 주는 말 등을 말한다.

그래서 아이들에게 상대편이 들어서 '덕'이 되는 말을 적어도 하루에 한 번은 꼭 하도록 했다. 처음에는 작정서 점수를 높이기 위해 했더라도 이것이 매일의 언어 습관으로 쌓이면 언제 어디서라도 사람들을 높이고 칭찬하는 말을 하는 사람이 될 것이라 믿는다.

남편 역시 이런 교육 방침은 나와 전적으로 동일하다. 수진이가 어렸을 때부터 남편은 항상 이렇게 말했다.

"수진이는 항상 좋은 생각을 하고 좋은 말을 하고 좋은 음식을 먹어야 해요."

그래서 나는 때로는 운전을 하다가 수진이가 창밖을 보며 생각에 잠겨 있으면 장난스럽게 물어본다.

"수진이 너 무슨 생각하니?"

그러면 수진이는 얼른 대답한다.

"응! 좋은 생각!"

이럴 때는 우리 부부의 노력이 헛되지 않은 것 같아 매우 뿌듯하다.

여덟째, 남을 비판하는 말은 하지 않는다.

남을 비판하는 것 역시 습관이라고 생각한다. 비판이 습관이 된 사람은 누구를 만나도 무엇을 보더라도 비판할 거리를 찾아낸다. 그래서 비판하는 것을 습관적으로 피하는 것이 중요하다고 생각해 넣어둔 항목이다. 얼마 전에 비판에 대한 아주 좋은 예화를 읽은 적이 있다.

동물의 왕인 사자가 중병에 걸리자 숲 속의 동물들이 모두 병문안을 왔는데 여우만 나타나지 않았다. 평소 여우와 사이가 좋지 않았던 늑대가 속으로 쾌재를 불렀다. 그러고는 사자에게 간언을 했다.

"숲속의 왕이시여, 여우가 병 문안을 오지 않은 것은 필경 대왕을 무시하는 처사입니다. 엄한 벌을 내려야 합니다."

마침 그때 여우가 도착했다. 사자는 크게 노하여 물었다.

"네 이놈! 왜 이리 늦었느냐!"

순간 여우는 늑대의 간언을 눈치 채고 꾀를 내었다.

"대왕님의 병을 고칠 약을 알아보느라 이렇게 늦었습니다."

"그래, 그 약이 무엇이냐?"

"늑대의 가죽을 벗겨 그걸 뒤집어쓰면 곧 병이 낫는답니다."

사자는 코앞의 늑대를 잡아 가죽을 뒤집어썼다. 남을 비방하면 그 해가 결국 자신에게 되돌아온다는 사실을 잘 가르쳐 준 예화라고 생각한다.

아홉째, 하루에 물을 여덟 잔씩 마셔야 한다.

영적 건강 못지않게 육적 건강도 매우 중요하다. 그래서 매일같이 물을 여덟 잔씩 마실 것을 작정서 항목에 넣어 두었다. 물 마시는 것은 우리 가족의 건강을 지키는 가장 작은 습관이라고 할 수 있다.

열째, 하루에 적어도 두 시간씩 학교 공부를 해야 한다.

학교 공부를 소홀히 하지 않기 위해 정해 놓은 시간인 만큼 적어도 하루에 두 시간은 집중하여 학교 공부를 하도록 했다.

어느 날 새벽 예배를 마치고 교회 문을 나오는데 나보다 앞서 가던 아들 여호수아가 길을 멈추고 나를 기다리고 있었다. 그러고는 나에게 "나는 엄마가 좋아요!"라고 말했다. 그래서 "왜 엄마가 좋은데?"라고 물어보았다. 여호수아의 답은 참 간단했다.

"엄마는 엄마가 하지 않는 것을 우리에게 하라고 한 적이 없잖아요. 큐티하라고 하시고 엄마도 큐티하고, 새벽 예배에 나오라고 하면서 엄마도 새벽 예배에 참석하고, 하루에 몇 시간씩 정해 놓고 기도하라고 하면서 엄마도 그렇게 기도하시잖아요. 우리에게 엄마가 하는 것만 하라고 해서 나는 엄마가 참 좋아요!"

그 고백이 정말 나를 감동시켰다. 그리고 아이들에게 본보기를 보여 주는 삶이 얼마나 중요한지에 대하여 다시 한 번 생각해 보게 되었다. 내 삶에서 만난 모든 사람들에게 아들 여호수아가 해준 말을 듣게 된다면 얼마나 멋진 일일까? 그러나 아들에게라도 이런 칭찬을 들을 수 있었으니 나에게 과분한 인정과 격려가 아닐 수 없다.

Chapter 03

# 청출어람을 이뤄 내는 멘티 양육법

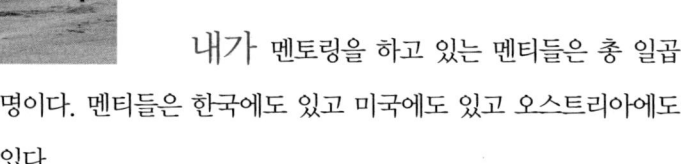

내가 멘토링을 하고 있는 멘티들은 총 일곱 명이다. 멘티들은 한국에도 있고 미국에도 있고 오스트리아에도 있다.

이 장에서는 내가 멘티들을 양육하는 방식에 대해 구체적으로 설명해 보고자 한다. 이 방식을 멘토와 멘티 간의 양육 방식으로 이용해 볼 수도 있고, 소그룹 모임이나 구역 모임에서도 활용할 수 있을 것이다.

멘티들은 기본적으로 내게 매일 묵상한 내용을 메일로 보내야 한다. 그리고 묵상 맨 아래 부분에는 매일 외워야 하는 성구를 적는다. 그리고 지난 하루를 살면서 감사했던 제목들을 적는다.

아래는 최재은 멘티의 묵상을 '보기'로 적어 본다.

《묵상》

2008년 9월 22일 월요일

"나의 정당함을 물리치신 하나님, 나의 영혼을 괴롭게 하신 전능자의 사심을 두고 맹세하노니(욥기 27장 2절)."

욥기 묵상도 반이 넘고 다니엘 금식도 반이 넘었다. 다니엘 금식을 작정하고 기도 제목을 내놓으면서 기도 제목이 응답될 것에 대한 기대감도 많지만 하나님과 이전보다 많이 가까워지고 있는 것 같다. 하나님을 알아감에 훌쩍 자라가는 시간이랄까.

물론 가야 할 길이 아직 멀지만 그래도 주님을 향한 믿음이 더 견고해져 감을 느끼니 행복하고 든든하다. 나를 사랑하시는 하나님의 손길과 인도하심이 절로 느껴진다. 주님이 나를 포기하지 않으신다면 세상 끝날까지 주님을 알아가는 것은 계속되겠지?

그러면 나도 훌륭한 기도와 믿음의 선조들처럼 최고의 예배자, 최고의 믿음의 사람이 될 수 있을 거라 믿는다. 다니엘 금식을 하면서 내가 주님께 나아갈 수 있는 것은 단순히 내가 금식을 하고 있기 때문이 아니다. 금식을 할 수 있는 것도 주님이 내 기도를 들으시는 것도 주님이 나를 더 깊이 만나 주시는 것도 다 예수님의 보혈 때문이며, 하나님의 사랑 때문이다. 하나님을 믿고 구원에 이르는 것은 값을 치르거나 노력을 함으로 얻을 수 있는 것이 아니지만, 믿음이 성장함에는 대가가 따라야 한다. 그러나 그 대가를 치르는 것도 대가를 치른 후에 우리가 성장을 하는 것도 그 노력 전에 하나님의 사랑이 먼저인 것이다.

금식이나 새벽기도 여러 가지 작정기도를 하더라도 그 기도를 응답하는 것은 하나님이 결정하신다. 그러니 기도를 응답 받거나 그렇지 않은 것으로 인해 내가 하나님을 원망할 수 있는 것은 아니다.

내가 이만큼 금식했는데 내가 이만큼 봉사했는데 내가 이만큼 남을 도왔는데 내가 이만큼 기도했는데 하나님은 어째서 저한테 이러시지요? 이러한 기도는 하나님 앞에 나의 의를 들고 나가는 기도이기 때문에 옳지 않다.

그렇게 기도하는 그 순간에 내가 정말 하나님의 마음을 알고 있는가, 혹은 하나님의 마음을 알고 싶어 하는가를 먼저 생각해 보아야 하지 않을까?

하나님 앞에는 나의 어떤 의로움도 있을 수 없다. 나는 하나님께서 은혜로 주시는 사랑을 먹고 살아가는 사람이다. 내 생각대로 일이 되지 않는 것은 아직 때가 이르지 않았거나 내가 생각하는 것이 내게 최고의 선이 아니기 때문인 것이다.

하나님의 생각보다 내 생각이 더 선하고 지혜롭다고 말할 수 있는가? 절대로 그럴 수 없다. 그럴 수 없다면 내게 응답되지 않는 기도 제목들, 그것은 내게 가장 선한 것이 아니기에 주님이 더 선한 것을 예비하셨다는 것을 믿으면 되는 것이다.

토요일에 중등부 찬양예배 연습을 하면서 전도사님이 하시는 말씀 안에 이런 이야기가 있었다.

"구원받은 자는 환경을 바라봐서는 안 된다. 어떤 문제가 있을 때 그 문제가 정말 해결될 수도 있지만, 우리가 하나님을 바라봄으로 인해 문제가 해결되었다고 믿음으로써 그 문제가 해결될 수도 있다."

그 말씀을 듣는데 내게 있었던 어려운 문제들이 생각났다. 왜 그런 일들이 내게 있었는가? 그러면서 아브라함이 떠올랐다. 아브라함이 조카 롯과 함께 다니다가 식솔들이 많아져서 서로 나뉘어야 했을 때 더 기름진 땅을 조카에게 줄 수 있었던 믿음, 척박한 땅을 가지면서도 그가 여유로울 수 있었던 믿음, 그 믿음은 하나님의 선하심에 대한 절대적인 신뢰 안에서 가능한 믿음이었던 것이다. 환경이 어렵고 모든 상황들이 내게 불리한 듯 보일지라도 하나님이 계시면 그 자리가 내게 복의 자리가 된다는 믿음을 가져야 한다. 그 믿음이 바로 세상 그 어떤 것보다 주님을 의지하고 주님을 신뢰하는 굳건한 반석 위의 믿음 아닌가?

그런 믿음을 주님이 내게 주시려고 하신 것이다. 어떤 상황에서도 주님의 선하심을 믿고 신뢰할 수 있는 것! 그런 믿음을 주님은 기뻐하신다. 내 환경과 상황이 세상이 말하기에 좋은 형편이 아니더라도 욥처럼 모든 것이 무너져 없어져 버린 상황이라도, 나에겐 여전히 소망이 있다. 눈으로 보기엔 앞으로 내가 절대로 잘될 수 없을 것 같을지라도 하나님이 나를 사랑하시기에 나에겐 반드시 더 나은 미래와 꿈과 소망이 있다. 천국에 대한 소망이 있고 하나님의 돌보심이 있다. 하나님의 절대적인 선하심은 나를 놓지 않으신다. 그렇기에 내 인생은 반드시 하나님이 계획하신 선하신 뜻 가운데서 승리하는 삶을 살게 될 것이다.

그렇다면 하나님께서 내게 바라시는 것이 무엇일까?

훌륭하고 유명한 사람인가? 그렇지 않았다. 하나님은 내게 하나님을 알아 가라고 하신다. 하나님이 날 얼마나 사랑하는지 알아 가라고 말씀하신다.

그런데 가끔 주님이 뭐가 되라고 말씀하신 것도 아닌데 무언가가 되지 못하는 내 인생이 무척 비참한 것처럼 생각될 때가 있다. 이것은 잘못된 생각일 것이다.

그것은 하나님으로부터 오는 생각이 아니라 내가 만들어낸 생각이다. 나는 하나님 앞에 가지고 나갈 의가 없다. 나는 예수님의 보혈의 공로로 살아가는 사람일 뿐이다. 그러나 그래서 감사하다!

하나님을 믿고 의지하기에 감사하다. 그래야만 소망이 있기 때문이다.

주님, 아버지로 인해 소망이 있음을 감사드립니다. 제게 무엇을 알게 하시고자 하셨는지 무엇을 주시고자 하셨는지 깨닫게 하셔서 얼마나 감사하고 기뻤는지 모릅니다.

저를 사랑하여 아버지 곁으로 계속 이끌어 주시니 너무 감사합니다. 어떤 환경과 상황이 와도 기뻐할 수 있다는 것, 그리고 주님의 선하심을 믿고 의지할 수 있다는 것, 그것은 무한한 기대와 기쁨과 소망을 가질 수 있는 힘이 됨을 알았습니다. 그것만 있으면 세상을 이길 수 있음을 알았습니다. 모든 것이 반드시 협력하여 선을 이룬다는 걸 알았습니다. 감사하고 또 감사합니다. 사랑하고 또 사랑합니다. 성령님을 기대합니다.

《감사기도》

❶ 어제 찬양예배를 은혜롭게 드리게 하시니 감사합니다.
❷ 중등부 찬양예배 시간에 율동하면서 주님을 찬양할 수 있어서 감사합니다.
❸ 오늘 새벽 예배 못 갔지만, 내일부터 다시 가면 되니까 감사합니다.
❹ 금식 기도를 하면서 이전에는 보지 못했던 것들을 보게 하시니 감사합니다.
❺ 어제 서나 언니와 오랜만에 만나 즐거운 대화를 나누게 하시니 감사합니다.
❻ 함께 금식하며 기도하는 멘토님과 멘티님들 모두 함께 최고의 응답을 선물로 받을 것을 믿고 감사합니다.

《외울 말씀》

"나의 영혼이 잠잠히 하나님만 바람이여, 나의 구원이 그에게서 나오는도다(시편 62:1)."

《작정서 접수》

어제는 주일이라 없습니다.

멘토링의 최우선 순위는 글로 쓰는 묵상이지만, 멘티들도 삶의 훈련을 위해 작정서를 활용한다. 작정서는 아이들처럼 내가 항목을 정해 주는 것이 아니라 스스로가 정해서 매달 초 나에게 보고하는 방식이다.

대신 작정서에는 영·육·지적인 부분들이 골고루 섞여 있어야 한다. 예를 들면 운동하는 시간, 성경 읽는 시간, 책을 읽는 시간 등을 적절하게 섞어서 작성해야 한다. 멘티들마다 각자 훈련되어야 하는 부분들이 다를 수 있기 때문에 각자가 다듬어져야 된다고 생각하는 부분들을 작정서로 올리도록 한다. 그리고 더 이상 의식적으로 안 해도 몸에 밴 습관은 다음 달 항목에서 지우고 다른 계발이나 노력, 발전해야 하는 항목으로 대체한다.

작정서 점수는 100점을 기준으로 해서 지켜지는 사항 한 가지마다 10점이 된다. 그리고 그 점수는 매일 나에게 보내는 묵상의 마지막 부분에 적는다.

김지영 멘티의 작정서를 보기로 아래에 적어 본다.

《작정서》
❶ 매일 묵상하기(글로 쓰는 묵상, 컴퓨터로 정리해서 멘토링 성실히 할 것)

❷ 매일 기도 1시간
❸ 매일 성경 읽기(2008년이 가기 전까지 남은 부분 읽고, 일독하기)
❹ 매일 감사의 고백 드리기
❺ 물이나 차 여덟 잔 이상 마시기
❻ 악기 연습 매일 3시간 이상하기
❼ 독서
❽ 식사를 거르지 않고 챙겨 먹기
❾ 부정의 말, 험담과 정죄의 말 하지 않기
❿ 일일일선 하기

그들이 보내오는 묵상 내용을 읽으면서 멘티들이 어떻게 하나님의 말씀 안에서 성숙해 가는지를 모니터링 한다. 혹시 성경 말씀을 잘못 이해하여 일상의 적용이 적절하지 않은 부분들은 짚어 준다. 그리고 매일의 묵상 말씀을 통해 각각의 기도 제목을 알 수 있으므로 그것을 가지고 기도한다. 또한 말씀을 통해 성숙하고 있는 부분들을 칭찬하고 격려해 준다.

매일같이 묵상에 답글을 보낼 수는 없으나 그래도 시시때때로 묵상에 대한 답글을 보내기도 한다. 그리고 다른 멘티들이 다 함께 읽었으면 좋겠다고 생각하는 묵상들은 '돌림 묵상'이라는 제목으로 다른 모든 멘티들에게 묵상 내용을 전달해 준다. 그렇게 함으로써 멘티들이 서로 도전을 받기도 하고 위로와 격려, 칭찬을 하면서 함께 성장해 가도록 도와준다.

좋은 시나 나누고 싶은 말들이 있으면 '멘토로부터' 라는 메일 제목과 함께 멘티들과 함께하고 싶은 좋은 생각들을 메일로 보내준다. 또 한국에 갈 때는 멘티들을 따로 한 사람씩 만나서 멘토링을 해준다. 그리고 멘티들을 다 한꺼번에 만나는 시간도 가능하면 만들어서 멘토링을 받으면서 발전한 부분들을 서로 이야기하도록 한다.

그 자리에서는 서로를 위하여 기도 제목을 나누고 기도회를 가진다. 매달 초에는 '작정서'를 10가지 사항으로 적어야 하지만 연초가 되면 새해 계획서를 적어 보낸다.

'새해 계획서'는 새해에 어떤 삶을 지향하고 싶은지 지향하고자 하는 삶의 주제를 정하고 그 주제에 맞는 성구를 선택한다. 그리고 육체적, 영적, 감정적, 지성적, 재정적, 사역적 부분으로 나누어서 구체적인 계획을 적는다. 마지막 부분에는 새해 기도 제목을 적는다. 그리고 연말이 되면 새해에 적었던 계획들을 평가한 평가서를 보낸다. 그 평가서에는 다음과 같은 질문 사항이 포함된다.

❶ 1년 중 가장 성장한 부분
❷ 가장 성장이 더딘 부분
❸ 멘토에게 가장 고마웠던 일
❹ 멘토에게 바라는 일
❺ 한 해 동안 특별히 감사한 일
❻ 대인관계에서 성숙한 부분
❼ 변했다고 생각하는 부분
❽ 하나님에 대하여 배운 새로운 깨달음
❾ 한 해 동안 자신에게 다른 사람이 해왔던 가장 인상적인 감사
❿ 내 자신이 이번 해에 정말 잘했다고 생각하며 칭찬하고 싶은 부분
⓫ 내가 누구에게 잘해 주었고 사랑을 베풀었다고 생각되는 세 가지 이야기
⓬ 새해의 바람

남양주 구리 성전에서 교육전도사로 사역하는 멘티 전승희의 2008년 계획서와 2007년 평가서를 보기로 적어 본다.

《2008년 계획서》

❖ 주제: 세상과 지나온 것을 바라보지 않고, 주님 계신 본향을 사모하며 주님과 함께 달려가는 2008년!

❖ 말씀: "이 사람들은 다 믿음을 따라 죽었으며 약속을 받지 못하였으되, 그것들을 멀리서 보고 환영하며 또 땅에서는 외국인과 나그네임을 증언하였으니, 그들이 이같이 말하는 것은 자기들이 본향 찾는 자임을 나타냄이라. 그들이 나온 바 본향을 생각하였더라면 돌아갈 기회가 있었으려니와, 그들이 이제는 더 나은 본향을 사모하니 곧 하늘에 있는 것이라. 이러므로 하나님이 그들의 하나님이라 일컬음 받으심을 부끄러워하지 아니하시고 그들을 위하여 한 성을 예비하셨느니라(히브리서 11:13~16)."

❖ 계획

> 육체적

1. 아토피 관리(음식 가려 먹기, 산성수 사용하기, 보습제 잘 바르기)
2. 물 다섯 잔 이상 꼭 마시기
3. 규칙적인 생활하기(일찍 자고 일찍 일어나기-휴일에도)
4. 운동하기(근육, 복근 운동, 많이 걷기)
5. 53kg 이상 되지 않기

### 영적

1. 매일 묵상
2. 성경 1독 이상(방학 때 많이 읽기)
3. 매일 성경 5장 이상 읽기
4. 말씀 암송
5. 기도 하루 1시간 이상 하기
6. 하나님 중심으로 생각하고, 말하고, 행동하기
7. 신앙서적 한 달에 두 권 이상 읽기

### 감정적

1. 불평하지 않기
2. 부정적인 생각과 말 하지 않기
3. 감정이 다운되어 우울하거나 힘들 때 머물러 있지 말고, 대적 기도하며 주님 사랑 생각하기
4. 내 감정에 따라 다른 사람을 생각, 판단, 말하지 않기
5. 모든 일에 감사하기
6. 다른 사람에 대해 좋지 않은 이야기하지 않기

[관계적]

1. 문자, 이메일, 부재중 전화에 답하기
2. 사람들을 만났을 때 모르는 척하지 말고 먼저 인사하기
3. 말을 많이 하기보다 다른 사람의 이야기를 충분히 듣기
4. 친한 사람이라고 하여 많은 것을 의지하려는 생각하지 않기(재정, 감정)
5. 자랑이 될 만한 이야기는 자제하기
6. 내 이야기를 너무 늘어놓지 않기


[사역적]

1. 남양주 구리 성전 유년부를 위해 늘 기도하기
2. 유년부 사역에 필요한 것 공부하기
3. 유년부 주일예배 설교 준비 성실히 하고, 최선을 다하기
4. 학교 공부에 꾸준히 최선을 다하기
5. 피아노 반주 자유롭게 할 수 있도록 연습하기
6. 멘토링(멘티) 기도로 준비하기

### 재정적

1. 필요한 것이 있을 때는 먼저 기도하기
2. 충동구매 하지 않기
3. 충분히 공급되도록 늘 기도하기
4. 재정으로부터 자유로워지기
5. 월드비전 후원 끊이지 않게 하기
6. 어려운 사람들을 늘 잊지 않고, 베푸는 것에 인색하지 않기

### 지적

1. 매달 두 권 이상 책 읽기
2. 영어 공부 지속적으로 하기
3. 모든 시험 A학점 이상 받기
4. 신문, 뉴스, 세계사에 관심 갖기


멘티들은 멘토링을 받으면서 자신들도 멘토링 사역을 할 수 있도록 준비한다. 내 멘티가 되고 난 다음 일정 기간이 지난 다음에는 그 멘티도 멘토가 되어 다른 멘티들을 이 방법으로 멘토링하는 것이다. 이것은 나에게 멘토링을 받는 조건이기도 하다. 영

적 성장은 자신의 유익만을 위해 하는 것이 아니라 결국은 다른 사람의 성장을 도울 수 있는 것이 목표이기 때문이다.

이렇게 나는 멘티들을 양육하고 있다. 이 방법을 굳이 멘토링 사역과 소그룹 양육뿐만 아니라 자기 스스로를 훈련하는 데 많은 분들이 사용하기를 바란다.

내가 아이들에게 말했듯이 구원은 거저 얻는 것이지만, 신앙 성장이나 가치 있는 인생의 창출은 자기 훈련을 통해서만 가능하다고 믿는다. 물론 그 훈련 과정에서 인간의 노력이 아닌 하나님의 은혜가 반드시 필요하다는 것은 두말할 필요가 없다. 하지만 우리가 이렇게 노력하며 주님의 은혜를 구할 때 우리는 좀 더 성숙한 그리스도인의 자리에 설 수 있게 될 것이다.

Chapter 04

# 성숙한 그리스도인이 되기 위한 자기훈련법

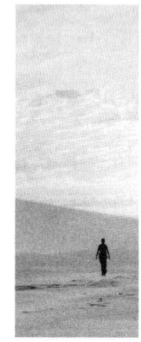

마지막으로 나 스스로는 어떻게 영성 관리를 하는지 이야기하고 싶다. 먼저 내 영성 관리도 아이들과 멘티들을 양육하는 것에서 크게 벗어나지 않는다.

나는 보통 새벽 4시에 일어난다. 일어나면 밤에 들어온 메일들을 검색하면서 잠을 확실히 깨운다. 그리고 난 다음 묵상을 시작한다. 묵상은 매일 성경 한 장씩 창세기부터 시작하여서 순서대로 한 장을 읽고 나의 삶에 적용하는 시간을 갖는다. 이렇게 묵상을 하루도 빠지지 않고 글로 쓴 것은 거의 14년이 되어 가는 것 같다.

나는 영성훈련에 있어 '지속성'과 '일관성'을 무척이나 중요하게 생각한다. 그래서 무엇을 하더라도 꾸준하게 매일같이 하는 것을 다른 사람들에게도 권면하고 나 역시 그대로 지키고자 한다.

내 아이들에게도 내 멘티들에게도 나는 묵상한 것을 글로 쓰는 것을 매우 강조한다. 이것은 나 스스로가 단 하루도 묵상을 거르지 않고 습관화하면서 체득한 효과적인 영성 훈련 방법이기 때문이다.

이렇게 14년을 해오다 보니, 이제는 새벽에 일어나는 것이 그렇게 어렵지 않다. 새벽 4시에 일어난다고 하면 사람들은 내가 몇 시에 자는지 궁금해 하기도 한다. 보통 잠은 12시에 잔다.

4시간 자는 것을 습관화 한지 오래 되었기 때문에 잠을 많이 못 잔다는 생각은 별로 없다. 좀 일찍 잔다고 11시에 자면 그 다음날은 새벽 3시에 눈을 뜨기도 한다. 그러니까 꼭 새벽 4시에 일어나는 것보다는 4시간 잠자는 것이 습관이 된 것 같다.

보통 기상 시간은 그렇게 습관이 되어 있다. 묵상한 내용을 글로 쓰면 약 8페이지에서 길면 16페이지까지 쓰는데 보통 10페이지 가량이 된다. 묵상 내용을 쓰고 난 다음에는 묵상 내용을 멘티들에게 보낸다. 그리고 나를 위해 중보기도 해주는 많은 분들 중에서 내가 묵상한 내용을 받아 보기 원하는 분들에게 메일로 보낸다.

그래서 내 묵상에는 책 제목처럼 제목이 있다. '최고의 날'이 내 묵상의 제목이다. 매일같이 이 묵상을 받아 보는 분들은 약 260명가량 된다. 코스타 강사가 되고 난 다음 www.kosta.org의 임은미 선교사 블로그에 매일 묵상을 올리게 되어 아마 그 블로그를 통해 '최고의 날' 묵상을 읽는 코스탄들도 꽤 있으리라 생각한다.

묵상을 마치고 메일을 보낼 즈음이면 우리 교회 새벽 예배 시간이 된다. 우리는 새벽 예배를 좀 늦게 드리는 편이다. 6시 30분부터 7시까지이다. 내가 케냐에 있을 때는 새벽 예배에 빠지는 일이 거의 없다. 설교는 내가 하기도 하지만 현지인 교역자들이나 성도들이 돌아가면서 한다. 묵상을 마치고 새벽 예배까지 다녀오면 7시가 넘는다.

내가 사는 곳은 차밭인데, 온통 초록색으로 펼쳐져 있는 차밭은 아침 햇살을 받으면서 산보하기에 정말 좋은 곳이다. 나는 아침에 한 시간가량 산보하면서 주님과 이야기를 나눈다. 주거니 받거니 주님께 이런저런 이야기를 드린다.

아침에 한 시간가량의 기도 시간을 마치고 난 다음에는 그날 해야 할 일들을 한다. 하루의 사역을 다 마칠 즈음에 해가 지기 전 또다시 차밭으로 나가서 한 시간가량 걷는다. 하루를 마쳤으니 주님께 또 이런저런 이야기를 드린다. 주님도 나에게 이런저런 이야기를 해주신다. 하루에 정해 놓고 두 시간은 기도를 하는 편이지만 차를 타고 운전할 때나 집안일을 할 때나 꼭 정해 놓은 기도 시간이 아니라 하더라도 하루 종일 기도를 하는 편이다. 운전을 할 때는 방언으로 기도를 한다. 부엌이나 화장대의 거울에는 성구를 외울 수 있도록 성구를 크게 프린트해서 붙여 놓는다.

내 작정서에는 '글로 쓰는 묵상하기'는 없다. 작정서의 용도는 영성훈련이 잘 안 된 부분을 작정하고 지킨다는 목적이 있기 때문이다.

대신 하루에 기도를 두 시간 이상 하고 적어도 한 시간은 운동을 한다는 등의 훈련 내용이 들어가 있다. 뿐만 아니라 물 여덟 잔씩 마시기, 하루에 적어도 한 시간은 책 읽기, 남을 비판하지 않기, 칭찬과 격려의 말하기, 불평하지 않기, 일일일선, 음식 천천히 씹어 먹기, 하루에 성경 말씀 한 구절씩 외우기 등의 내용이 내가 특별히 훈련하는 부분이다. 이런 부분들이 습관이 되면 항목을 바꾸어 가며 스스로를 훈련한다.

한 가지 특이 사항은 멘티들에게도 나 스스로에게도 주일은 '작정서'에서 자유함을 얻도록 한다. 작정서는 매일매일 율법과 같이 지키는 것이 목적이 아니다. 이 모든 것이 성숙한 그리스도인이 되기 위한 영성훈련이므로 주일은 이러한 것에서 자유로워지는 기쁨을 갖도록 했다.

나 역시 멘티들에게 보내는 묵상 글 아래에 나의 작정서 점수를 적는다. 내 멘티들은 내가 매일같이 연달아 계속하여 100점을 얻으면 감탄과 칭찬을 아끼지 않는다. 그 칭찬과 감탄이 좋아서 작정서를 더 열심히 지키기도 한다. 누군가 나를 지켜봐 준다는 것을 나 스스로 의식하는 것이 영성훈련에 큰 도움이 된다.

묵상은 내가 하루하루를 어떻게 사는가에 대한 '하루 보고서'처럼 써 나간다. 그래서 하루하루 '최고의 날' 묵상 식구들에게 정직한 삶을 보고하는 것이 나에게는 '영성훈련'의 좋은 동기부여가 된다.

나를 지켜봐 주고 기도해 주고 칭찬해 주고 격려해 주는 이들이 내 삶에 힘찬 응원군이기도 하다. '최고의 날'이라는 묵상을 보내면서 묵상 가운데 그날의 사역 스케줄과 함께 특별 기도제목을 적는다. 내 묵상을 읽는 분들은 내 묵상을 읽으면서 나의 기도를 함께 읽게 되고 나의 사역과 삶을 위해 기도해 주신다.

이렇게 받는 한 사람 한 사람의 기도가 나에게는 엄청난 힘이 된다. 이외에도 매일같이 선교사로서 매달 '기도편지'를 보내는 분들이 4백 명가량 된다. 그분들 역시 선교사로서의 내 삶과 사역을 위해 중보기도 해주신다.

이렇게 많은 분들의 중보기도를 받는 것이 내게 얼마나 큰 축복이 되고 있는지 잘 알고 있다. 지난 14년 동안 선교지에서 선교사로서의 영·육간의 건강한 삶을 지켜 올 수 있었던 것은 하나님의 거저 주시는 은혜 다음으로는 내가 받고 있는 중보기도의 도움이라고 믿는다.

나는 선교 보고를 하러 여러 교회에 다닐 때에도 내 가족사진을 성도들께 드리고는 하루도 빠짐없이 기도해 줄 것을 당부한다. 그냥 당부하는 정도가 아니고 "여러분 가운데 나는 절대로 임은미 선교사를 위해 기도하지 않을 것이다! 그런 분만 자리에서 일어나 주시기 바랍니다."라고 말할 정도이다. 이렇게 말하면 일어나는 분은 단 한 분도 없다. 그러면 나는 "자, 그러면 모두 다 저를 위해 기도해 주신다는 것이지요? 아멘이십니까?"

그러면 모든 분들이 "아멘!" 하고 화답한다.

"네! 여러분은 아멘이라고 하셨으니 그것은 하나님 앞에서 하신 약속이 됩니다. 즉 서원기도와 마찬가지가 되지요. 임은미 선교사를 위해 기도하겠다고 하는 서원 기도! 서원 기도는 꼭 지켜야 하는 거 알고 계시죠?"

정말 거의 반강제로 중보기도를 받고 있는 셈이다. 기도의 후원을 나처럼 지독하게 받아내는 선교사도 없을 것이다.

나는 우리 가족사진을 냉장고에 붙이든지 화장실 변기에 앉아 눈높이 되는 곳에 붙여 달라고 부탁한다. 눈에 보여야 사람들은 기억하고 1분이라도 기도를 해줄 것이기 때문이다. 그래서 어떤 분은 나에게 이런 말을 해주기도 했다.

"선교사님들마다 기도해 달라고 말씀하시지만 선교사님처럼 달달 볶듯이 기도 후원을 받아 가는 분은 처음입니다!"

그만큼 중보기도의 중요성과 그 위력을 알고 있기 때문이다.

어떤 분이 나에게 선교지에 있으면서 영적으로 고갈함을 느낀 적이 없냐고 물어본 적이 있다. 그때 나는 없다고 말했다. 이유를 묻기에 이렇게 대답했다.

"첫째는 하나님이 거저 주시는 은혜요, 둘째는 중보기도의 위력이요, 셋째는 하루도 빠지지 않고 성경을 묵상하면서 글로 적고, 글로 적은 것을 다른 사람들과 나누기 때문이지요."

나는 정말 그렇게 생각한다. 하나님이 하늘로부터 주시는 은혜는 우리가 건강한 영성을 관리하는 데 필수적이다. 다음으로는 나를 위해 기도해 주는 모든 분들의 사랑과 기도가 나의 영성을 튼튼하게 지켜 주고 있다고 믿는다. 그리고 세 번째는 묵상을 통한 꾸준한 '경건 훈련'이라고 생각한다.

이 훈련은 비록 나 혼자만의 영성 훈련이 아니었다고 생각한다. 묵상을 읽는 분들도 나와 함께 영성 훈련을 하고 계신 것이라고 생각한다. 내 묵상을 통해 자신의 삶에 적용할 것들을 깨달으시고, 또 나아가 나와 같이 묵상을 시작하게 된 분들이 늘어나게 되었기 때문이다. 그래서 '최고의 날' 묵상을 하루도 거르지 않고 읽어 주신 분들에게 진심으로 깊은 감사의 마음을 가지고 있다. 언제인가 친구 지영이가 나에게 이런 말을 했다.

"10년이 넘도록 하루도 빠지지 않고 묵상을 글로 쓴 너도 대단하지만, 그 긴 묵상을 하루도 빠지지 않고 읽어 준 사람들 역시 대단한 거 알지?"

정말 그렇다. 나는 그분들의 지속적인 관심과 사랑에 진심으로 감사한다. 오늘날 내가 나름대로 '영성관리'에 대한 간증을 글로 쓸 수 있는 사람으로 인정받을 수 있는 것은 하나님 다음으로 내 묵상을 매일 읽어 준 분들의 공로임은 아무리 강조해도 지나침이 없다.

Chapter 05
# '십삼조'로 훈련하는 정직한 청지기의 삶

고등학교 2학년 때쯤 류우열 목사님으로부터 십일조에 대한 설교를 들었다. 그 당시 나는 초등학교 학생에게 과외 공부를 시키고 있었다. 그리고 약간의 주급을 받았다. 설교에서 목사님이 십일조를 꼭 해야 한다고 말씀하셔서 나는 그때부터 십일조 생활을 했다. 혹시 십일조를 했는지 안 했는지 기억이 잘 나지 않으면 한 번 더 하기도 할 정도로 절대적으로 지켜 갔다. 그 후로 십일조를 단 한 번도 거른 적이 없다. 결혼을 하기 전까지도 항상 십일조를 했다.

남편 빌 목사도 십일조 생활을 아주 충실히 해오던 사람이었다. 그런데 결혼한 지 얼마 안 되어서 남편이 먼저 제안했다. 결혼 전까지 십일조를 해왔지만 이제는 결혼을 했으니 앞으로 십이조를 하는 것이 어떠냐고 했다. 십일조는 교회에 헌금하고 또 하나의 십일조는 이웃의 가난한 사람들을 도와주는데 따로 떼자는 것이다. 나는 남편의 말에 동의했다.

우리는 신학대학 4학년 때 결혼을 했다. 그러니까 둘 다 학생 신분으로 결혼을 한 것이다. 결혼을 일찍 한 이유는 우리가 다니는 신학대에서 부부가 함께 신학 과정을 공부하면 배우자 중 한 명의 등록금을 50% 저렴하게 해주는 제도가 있었기 때문이다. 그리고 결혼한 학생들에게는 아파트를 따로 주었는데 아파트 렌트비는 싱글들의 기숙사비보다 더 저렴했다. 그래서 남편과 나는 신학대에서 만나서 데이트를 하던 중이라 이왕에 결혼할 거면 학비를 좀 저렴하게 다니자는 생각으로 결혼을 서둘러 했다. 둘 다 학생이니 재정이 풍성할 리는 없었다. 남편은 학교 수업이 끝나면 근처의 회사에서 풀타임으로 경비원 일을 했다. 집에는 밤 12시가 되어야 들어왔다.

나는 주말에 교회에서 교육 전도사 일을 하면서 조금의 사례비를 받았다. 그 돈으로 십이조를 내고 우리 두 사람의 등록금을 내고 나머지는 생활비로 썼다. 그러다 보니 어떤 때는 정말 우리 둘이 먹고 살 음식이 똑 떨어진 적도 있었다. 하지만 그 시절 우리들은 늘 마음이 부유했다. 따로 떼어 놓는 십일조로 항상 '누구를 도와줄 수 있을까?'라며 가난한 이웃을 찾는 것이 습관이 되기도 했다. 그렇게 누군가를 도울 생각에 우리 부부는 항상 즐거워했다.

우리들이 쓸 돈은 없더라도 항상 남을 도와줄 돈은 서랍 안에 있었던 것이다. 우린 각자가 가난한 이웃을 찾으면 둘이서 서로 상의한다. 누구누구가 요즘 재정이 안 좋은 것 같으니 도와주자고. 서로 합의를 하고 나면 그 사람에게 돈을 갖다 준다. 그때의 기쁨은 이루 말할 수 없다.

그러다 하루는 우리가 먹을 양식과 쓸 돈이 바닥이 났다. 그래서 이번에는 남은 십일조로 우리 스스로를 도와줘야 하는 거 아니냐며 웃으면서 이야기하기도 했다. 그런데 그날 아침 누군가 우리 아파트 문을 두드렸다. 문을 열었더니 같은 아파트에 살고 있는 학생이었다. 그는 아침에 자기가 기도하는데 하나님이 우리 집에 음식을 가져다주라는 마음을 주셔서 순종하는 마음으로 음식을 가지고 왔다고 했다. 그는 이것저것 여러 가지 음식이 담겨 있는 커다란 박스 하나를 우리 집에 주고 갔다. 남편과 나는 서로의 얼굴을 마주 보면서 얼마나 놀랐는지 모른다.

마침 그날 딱 먹을 음식이 전혀 없었는데 갑자기 이렇게 풍성한 음식을 얻게 될 줄이야! 우린 정말 좋으신 하나님이라고 서로 기뻐했다.

간혹 이런 간증을 듣기 불편해 하는 이도 있을지 모르겠다.

'지지리 궁상 같은 이야기라고!'

예수님 믿는 사람이 먹을 것이 없어 굶고 다니는 이야기가 뭐 그렇게 자랑스럽냐고! 그리고 겨우 음식 한 박스 얻은 것 가지고 대단한 간증이라고 말하느냐고. 가끔 그렇게 생각하는 사람들도 있다. 하지만 그렇게 말하는 이가 있다 해도 그 말에 대해 변명을 늘어놓고 싶은 생각은 없다.

그러나 내가 풍성해서 이런 추억들이 없는 것보다는 나의 부족함으로 인해 갖게 되는 '아기자기한 주님의 공급 이야기'가 나에게는 더 소중하다. 주님과의 이야기라서 그렇다.

주님이 공급해 주신 음식이라서 나에게는 너무나 소중한 간증거리가 된다. 나의 일용할 양식을 가장 알맞은 시간에 가장 알맞은 방법으로 공급해 주신 하나님의 사랑 이야기. 나에게는 값으로 따질 수 없는 소중한 하나님에 대한 기억인 것이다. 남편과 나는 시간이 더 흐르면서 십삼조까지 떼어 보자고 서로 이야기했다. 십일조는 교회에, 또 하나의 십일조는 가난한 이에게, 또 하나의 십일조는 가난한 사람이 아니더라도 사람마다 필요한 것이 있는데 그런 사람에게 주자는 것이었다.

어떤 사람은 당장 먹고 사는 데 필요한 생필품이 아니더라도 꼭 필요한 물질이 있을 수 있기 때문이다. 예를 들어 결혼기념일에 아내를 근사한 곳에 데리고 가서 식사를 하고 싶지만 주머니에 그만한 외식비가 없는 남편에게 필요한 돈을 따로 떼어 놓는 것이다. 어떤 이에게는 여행비로 어떤 이에게는 선물비로, 하여튼 사람을 기쁘게 하는 용도로 또 하나의 십일조를 떼어 놓기도 했다.

하나님은 그러한 우리의 결정을 기뻐하셨고 우리는 그렇게 재정을 쓰면서 단 한 번도 재정적으로 어려운 일을 겪은 적이 없다. 딸 수진이를 낳고 난 다음 수진이에게도 십일조를 가르쳤다. 그리고 십이조의 개념도 가르쳤다. 어느 날은 우리 집에 묵고 있는 단기 선교사가 재정적으로 힘들어 하는 것 같아 봉투에 돈을 넣어 수진이에게 가져다주라고 했다. '십이조의 용도'라는 것을 가르쳐 주기 위해서 일부러 수진이를 시켰다.

단기 선교사에게 돈을 준 뒤 얼마 안 있어 미국에 계시는 친정엄마가 위독하시다는 연락이 왔다. 부랴부랴 미국행 비행기 표를 알아봐야 했다. 사실 당장 미국으로 갈 비행기 표를 살 돈은 없었다.

그때 어느 어르신 선교사 부부께서 우리 부부를 저녁식사에 초대하셨다. 미국에도 가야 하고 해서 마음이 조급해 못 가겠다고 죄송하다고 했더니 굳이 오라고 하셨다. 어른이 말씀하시는데 순종하지 않으면 되느냐고 호통까지 치면서 우리 부부를 초대하셨다.

그 댁에 가서 식사를 하고 집으로 돌아오려는데 선교사님이 내 손에 봉투 하나를 쥐어 주셨다. 미국 가는 길에 조금이라도 보탬이 되기 바란다고 말씀하시면서 말이다.

그 봉투를 열어 보니 1천 달러가 들어 있었다. 얼마나 놀랐는지 모른다. 선교사가 다른 선교사에게 1천 달러를 준다는 것은 결코 쉬운 일이 아니다. 그것도 10년 전 당시에 1천 달러는 지금보다 훨씬 더 큰돈이었다.

다음날은 토요일이었는데 토요일에는 나이로비에서 '아프리카 목회자 사모대학' 강의를 하는 날이었다. 강의를 하면서 그 전날 있었던 일을 사모님들께 간증했다. 그렇게 강의를 마치고 난 후에 어느 사모님 한 분이 사무실로 찾아왔다. 그분이 하는 말이 아침에 학교로 오는 길에 하나님이 계속해서 임은미 선교사에게 자기가 가지고 있는 모든 돈을 주라는 마음을 주셨다는 것이다. 그래서 그 사모님이 주님에게 이렇게 말씀 드렸다고 한다.

"주님, 유니스 목사는 선교사입니다. 그리고 저는 현지인 사모입니다. 돈이 많으면 선교사가 더 많지 않겠습니까? 근데 왜 저더러 돈을 주라고 하는 것입니까?"

그래도 계속해서 주님이 나에게 돈을 주라고 하셨단다. 그러다 강의 중에 나의 간증을 들으면서, 하나님이 왜 돈을 주라고 했는지 이해가 되었다고 했다. 그래서 자신이 가진 모든 돈을 주려고 왔다면서 나에게 당신이 가진 모든 돈을 주고 가셨다. 그때 받은 돈이 약 50달러였는데 사실 현지인에게 이 돈은 매우 큰돈이다.

그런데 그 사모님에게 받은 50달러와 바로 전날 어르신 선교사님으로부터 받은 1천 달러를 합치니 딱 미국 가는 비행기 표 값이 나왔다. 하나님은 정확하게 내가 미국으로 갈 비행기 표 값을 준비해 주신 것이다.

집에 와서 수진이를 앞혀 놓고 바로 얼마 전에 단기 선교사(수진이는 삼촌이라고 불렀다.)를 십이조의 돈으로 도와주었던 것을 기억하느냐고 물었다. 수진이는 기억난다고 했다. 그리고 수진이에게 내가 경험한 하나님의 채워 주심에 대해 이야기했다. 그렇게 남을 도와주니까 엄마가 이렇게 도움이 필요할 때 하나님이 정확하게 채워 주셨다고 말이다.

이런 간증을 들으며 자라서인지 수진이는 용돈을 받으면 십일조를 가장 먼저 뗀다. 그리고 십이조 봉투를 또 하나 마련해서 그 봉투에 10퍼센트를 넣는다. 그리고 그 돈으로 이웃의 가난한 친구들을 도와주는 데 쓴다. 수진이는 현지인 친구들의 학교 등록금을 이 봉투에서 꺼내서 도와주곤 한다. 그리고 또 하나의 봉투를 마련하여 거기에 또 10퍼센트를 떼어서 넣고는 그 십일조는 이웃을 기쁘게 하는 용도의 돈으로 쓴다. 부모의 좋은 습관을 그대로 물려받는 수진이를 볼 때면 정말 나를 꼭 닮은 '작은 선교사'라는 생각이 든다. 그리고 내가 십삼조를 시작한 것보다 훨씬 먼저 십삼조 생활을 하는 수진이를 하나님이 얼마나 기쁘게 여기실까 생각해 보게 된다.

 십삼조 생활 외에도 내가 반드시 지키고 있는 재정 습관은 모든 돈의 용도를 꼼꼼히 적는 것이다. 그리고 아홉 명의 아이들 모두에게도 금전출납부를 적게 한다.

 뉴욕의 어느 교회에서 매달 100달러씩 헌금으로 후원해 주는 곳이 있다. 어느 날 선교부 부장님이 바뀌었다고 하면서 그들의 교회에서 받는 선교 후원금 외에도 다른 곳에서 받는 선교 후원금의 내역까지 모두 보고해 달라는 메일이 왔다.

 솔직히 처음에는 좀 황당했다. 나를 파송한 파송 교회도 아니고 나에게 100달러 선교 후원금을 보내는 교회인데 무슨 권리로 내가 받는 모든 선교 헌금과 그 내역을 보고하라고 하는지 선뜻 납득이 되지 않았다.

그러나 이내 감사하게 되었다. 그렇게 묻는다 해도 내가 받는 모든 선교 헌금의 내역을 말해 주는데 아무런 주저함이 없다는 것에 감사할 수 있었다. 받은 돈과 쓴 돈들에 대한 '깨끗한 손'을 보고할 수 있는 기회가 주어졌다고 생각하고 오히려 감사했다.

주님이 주신 돈을 주님이 기뻐하시는 대로 흘려 보내는 것이 재정을 허락하신 주님의 뜻이라고 생각한다. 그래서 항상 정직한 청지기로서 내 자신을 훈련하려고 애쓴다. 주님이 나에게 더 많은 재물을 맡기더라도 안심하실 수 있도록 말이다. 주님이 나에게 돈을 맡기는 것을 주저하지 않도록 나름대로 애쓰는 이 모습을 주님이 기뻐하시리라 믿는다.

# 최고의 날 묵상

2003. 11. 1. 토요일 〈창세기 1:31〉

"하나님이 지으신 그 모든 것을 보시니 보시기에 심히 좋았더라. 저녁이 되고 아침이 되니 이는 여섯째 날이니라."

창세기 1장을 다시 묵상하는 날이다. 보통 새벽에 일어나면 그냥 묵상을 시작하지만 오늘은 창세기 1장이어서 다시 성경책 한 권을 묵상하기 전 주님의 인도하심을 받기 위한 기도를 드렸다.

어? 근데 울 주님 나한테 이렇게 말씀하신다. '책걸이'했는데 왜 선물을 묻지 않느냐고? 나한테 구하라고 하신다. '책걸이' 기념으로 선물하시겠다고.

아침부터 웬 이런 대박이! 로또 당첨 축하 소식 같은 것은 이런 소식에 비하면 너무 시시한 소식이다. 주님이 이 새벽을 이렇게 신선하고 산뜻하고 감격적으로 휘몰아 주시다니. 생각지도 않았던 주님의 질문이었다.

아 그래요? 그렇다면 선물 받을 것을 말씀 드려야지요. 하모

하모입니다. 그래서 말씀을 드리고 성경을 펴면서 이 한 권을 다 하려면 정말 얼마나 걸리는지 구약을 한번 세어 보았다. 창세기부터 말라기 마지막 장까지. 사실 전에도 세어 본 기억이 있는데다 세고 보니 '929장' 구약이 모두 929장이다.

　신약을 세어 보니 모두 260장 그래서 대충 계산해 보니 거의 3년 하고 5개월 조금 더 걸려야 성경 한 권을 묵상하는 것이 된다. 키야~ 그러니 하루도 안 빠지고 성경을 묵상해서 지금 7년째 거르지 않았다는 이야기다. 성경을 두 번 이렇게 묵상으로 정독을 했다. 묵상을 시작한 지는 20년이라는 세월이 지났지만 이렇게 하루도 안 거른 것은 7년.

　가만있어 봐. 세 번 했나? 그러면 9년하고 반? 내가 선교지에 온지 10년째이니 그러면 세 번 묵상으로 했나? 하여튼 주님이 지난번까지는 '책걸이' 선물 이야기는 안 하셨는데 이번에는 대박일세!

　할렐루야!

　흠, 이번에는 항상 하던 방식 말고 좀 방식을 바꾸어 볼까? 말씀을 하나님과의 관계, 나와의 관계 그리고 이웃과의 관계. 이렇게 세 가지로 나누어 적용해 보는 것을 어떨까?

　하나님 부분에서는 그분이 내게 주시는 약속의 말씀을 챙겨 보고 나와의 관계에서는 내가 고쳐야 하는 부분들을 챙겨 보고 이웃과의 관계에서는 내가 그들을 어떻게 대해야 하는지에 대해 살펴보는 것이다. 생각해 보니, 그것 참 좋은 방법이었다.

  성경에 의해 사는 자들은 참 복이 많다는 생각이 저절로 든다. 성경 책장을 넘기는 이렇게 아름다운 소리가 이 세상에 또 있겠는가? 참으로 복이 많은 나, 주님은 내게 엄청난 복을 주셨다. 나를 사랑하시는 주님, 그 사랑은 정말 이루 말로 표현할 수가 없다. 그 전보다 더 친밀하게 느껴지는 내 하나님의 음성. 정말 감사하다. 창세기 1장을 묵상하기 전 성령 충만의 역사가 저절로 마음에 와 닿는다. 정말 감사한 새벽이다.

  오늘 말씀을 보면 하나님이 보시기에 그냥 좋은 것이 있고 심히 좋은 것이 있으셨다. 그냥 좋았던 것은 이 땅을 짓고 하늘을 짓고 여러 가지 창조물을 지으셨을 때였고, 인간을 지은 뒤에는 심히 좋다고 하셨다.

  하나님이 가장 기뻐했던 것은 바로 인간의 창조였다. 사람이 살면서 여러 가지 기쁜 일이 있다. 재물이 생기는 일, 아프던 몸이 건강해지는 일, 바라고 소원하던 일들이 이루어진 일 등.

  그러나 내가 하나님의 마음을 본받아 가장 기뻐해야 하는 일은 사람에 대한 일이 아닌가 싶다. 참된 투자는 사실 이웃과의 관계에서 이루어져야 할 것이다. 창세기 1장에는 창조된 피조물들을 이야기하면서 '각기 종류대로' 라는 말이 나온다. 각기 종류대로 그러니까 다 다른 종류들 말이다. 근데 그 다름을 하나님이 기뻐하셨다고 한다. 이 말씀을 삶에 한번 적용해 본다.

우선, 하나님에 대해 적용해 보면 나는 하나님을 기쁘게 할 수 있다. 그러나 더 기쁘게 할 수 있는 것은 없을까? 하나님이 기뻐하셨다고 하셨고 그리고 심히 기뻐하셨다고 하는 말씀이 있다. 하나님을 그냥 기쁘게 하는 삶 말고 더 기쁘게 심히 기쁘게 할 수 있는 일은 어떤 일들일까?

내가 하나님이 창조하신 사람을 보며 기뻐하는 것, 이것 역시 하나님이 좋아하시는 마음이 아닐 수 없다. 이웃을 돌보는 마음 하나님이 기뻐하시는 사람을 돌보는 마음. 이 땅에서 동물이나 재물을 다스리고 사랑하는 마음보다 더 귀한 마음임에 분명하다.

하나님을 더 기쁘게 하는 일이 무엇인가 생각하는 것, 그리고 이웃에 대한 내 태도? 나랑 달라도 존중할 것, 귀히 여길 것, 그리고 하나님의 눈으로 '기쁨의 눈'을 가지고 바라볼 것. 이것이 하나님을 심히 기쁘게 하는 일일 것이다.

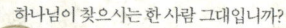

주님 하루를 엽니다. 좋은 날입니다. 다 하나님의 말씀대로 되었습니다. 사람은 재앙이라고 말해도 하나님이 축복이다 이렇게 말하면 뭐 모든 것은 다 뒤집어져 버리는 것이지요. 중요한 것은 하나님이 무어라 말씀하시는가 바로 그것이지요. 오늘을 사는 동안 주님의 음성에 민감한 제가 되기를 원합니다. 하나님이 무엇이라 말씀하시는지 민감하게 알아듣는 제가 되기 원합니다.

하나님이 심히 기뻐하신 인간 창조를 기억하면서 하나님이 기뻐하시는 사람들을 저 역시 기뻐하면서 살 수 있기를 기도드립니다. 하나님이 기뻐하시는 일들을 할 수 있겠지만 거기에서 만족하지 않고 어떻게 하나님을 더 기쁘시게 할 수 있는지 그런 생각으로 꽉 차기를 원합니다. 하나님께 기쁨이 되는 삶 그냥 기쁨이 아니라 심히 기쁨이 되는 삶, 그런 삶을 살기를 소원할 수 있는 마음, 하나님이 주시는 은혜입니다.

감사합니다. 오늘도 우리 주님께 좋은 날 되시옵소서. 창세기 1장과 함께 우리 주님을 더 가까이 친밀하게 그리고 더 정성껏 더 큰 기쁨으로 섬기게 되기를 소원하고 또 소원합니다.

Part 5

# 우리가 순종하면 이루시는 하나님의 꿈

하나님의 이 말씀이 내 마음에 깊이 다가왔다. 내 삶은 이제부터 주님이 찾으시는 '한 사람, 한 사람'을 위한 것이 되어야 할 것이었다. 내 꿈이 이루어지는 것보다 내가 세계를 돌아다니며 설교하는 것보다 더 중요한 것이 바로 하나님이 찾으시는 그 한 사람을 주님께로 인도하는 것이라는 것을 깨달았다.

*Eunice, why do you think that God has sent you from all the way America to Africa?*

Chapter 01

# 수첩에 기록한
# 첫 번째 꿈

나는 대학 1학년 때까지 장래에 무엇을 할 것인가에 대한 뚜렷한 목표가 없었다. 그래서인지 공부를 그다지 열심히 하지도 않았던 것 같다. 한때는 반에서 IQ가 가장 높기도 했다. 그래서 머리가 나쁘다고는 생각하지 않는다. 그러나 공부를 열심히 한 기억은 별로 없다.

내가 굳이 무엇이 되고자 하는 목적과 내 마음에 품은 꿈이 없었기 때문이다. 그러다가 대학 1학년 때 기독교 동아리에서 간 수양회에서 주님을 뜨겁게 만나게 되었다. 그때서야 내가 마땅한 꿈이 없이 살아왔다는 것을 알게 되었다. 주님을 위해 살아야 하는 나의 삶에 꿈이 없다니……. 주님께 영광 돌리기 위해 내가 무엇이 되고자 하는 삶의 목표가 없다니, 이건 아니다 싶었다. 나에게 꿈이 필요하다는 생각을 그때 처음 하게 됐다.

그때 곰곰이 내 자신을 돌아보았다.

'나는 무엇을 좋아하는가?, 무엇을 잘 하는가?'

뚜렷하게 좋아하는 것도 없고 무엇인가 두드러지게 잘 하는 것도 없었다. 가끔 첩보 영화 같은 것을 보면서 FBI 요원이 되고 싶다는 생각을 한 적이 있다. 방송을 보면서 프로그램을 잘 진행하는 MC들을 보면 나도 방송 MC를 하고 싶다는 그런 생각은 한 번씩 했던 것 같다.

뚜렷이 무엇인가 내가 하고 싶은 것이 없었을 때 나의 환경을 보니 나는 대학교 1학년 학생이었다. 그래서 '학생으로서 최선은 무엇인가?'에 대해 생각했다. 바로 공부였다.

나의 꿈이 무엇인지 확실하지 않았지만 내 꿈을 생각할 즈음에 내 신분이 학생이었으므로 공부에 최선을 다해야겠다고 결심했다.

고등학교 3학년 때 미국으로 이민을 간 나는 대학에서 영어로 공부하는 것 자체가 큰 스트레스였다. 특히 영어로 작문을 해야 할 때는 엄청난 스트레스를 받았다. 공부하는 것이 너무 힘들어 어느 날은 화장실에 들어가 울면서 이런 기도를 드렸다.

"주님 공부가 너무 힘들어요. 제가 공부를 잘해서 하고 싶은 공부를 다 마치게 해주시면 주님이 저를 도와주셔서 공부를 마쳤다고 간증할게요. 공부 좀 잘 하게 도와주세요!"

공부에 대한 서원기도를 드린 것이다.

그러다 대학교 2학년쯤 되어서 내 마음에 초록빛 싹이 트듯이 '소망'이 생겼다. '복음을 증거 하는 사람'에 대한 소망이었다. 나는 그 소망에 대한 확증을 여러 번 거친 후 신학교로 편입을 했다. 내 전공은 '목회학'이었다.

그 당시 여자가 목사가 되는 것은 그렇게 흔한 일이 아니었다. 그러나 나는 꼭 여자 목사가 되고 싶다는 생각을 했다. 그것이 내 꿈의 시작이었다.

'세계를 다니면서 복음을 전파하는 여자 목사!'

꼭 세계여야 하는가? 꼭 여자 목사여야 하는가? 내가 있는 땅에서 전도하면 안 되는가? 여자 목사가 아니고 평신도면 안 되는가?

안 된다! 나는 꿈을 거창하게 꾸고 싶었다. 나중에 목사가 안 되더라도 목사가 되고 싶었다고 말하는 것이 멋있을 것 같았고, 세계를 다니지 않더라도 세계를 다니겠다는 말이 멋있을 것 같아 그것이 '내 꿈'이라고 말했다. 어느 책을 읽어 보니 미국에서 조사를 했는데, 자신의 꿈을 글로 적은 사람들 중 99%가 그 꿈을 이루었다고 한다.

나는 내 꿈을 수첩에 적었다. 내 나이 서른 살에 목사 안수를 받겠다고 첫 번째로 적었다. 그리고 목회학 박사 학위를 받겠다고 적었다. 그러고 나서 신학대학원 교수가 되겠다고 적었다. 신학대학교는 신학대학원보다는 좀 시시하다고 생각했기 때문에 나름대로 신학대학원으로 적어 본 것이다.

그러다 세월이 흘러 1994년 2월에 여의도순복음교회의 파송으로 아프리카 선교사가 되었다. 그때 내 나이 스물아홉 살이었다. 내가 아프리카에서 하는 사역은 강의 사역이었는데 내가 가르치는 모든 사람들은 아프리카 케냐의 목회자들이었다. 그래서 나를 아프리카 케냐로 불렀던 정은교 선교사님이 여의도순복음교회에 특별한 부탁을 드렸다. 임은미 선교사가 케냐에서 목회자들에게 강의할 때 케냐의 문화적 차원에서 '권위'가 필요하므로 나에게 목사 안수를 허락해 달라는 것이었다.

전도사가 목사들을 가르치는 것에 '권위'가 없어 보일 수 있다는 것이다. 그 당시 여의도순복음교회에서 여자가 목사 안수를 받으려면, 내가 알기로는 나이가 마흔이 넘어야 하고, 교회를 개척한 후 성도 수가 얼마만큼 되어야 가능했다. 그러니 나는 내 꿈을 이룰 수 있는 자격이 안 되는 사람이었다.

  하지만 결국엔 특별 케이스로 뽑혀 이듬해인 1995년 5월에 목사 안수를 받았다. 41명이 목사 안수를 받았는데 그 중 나 혼자 여자였다. 그때 남편도 같이 목사 안수를 받았다. 정확히 내 나이 서른 살에 목사 안수를 받았다. 수첩에 기록한 '첫 번째 꿈'이 이루어진 것이다.

Chapter 02

# 섬세한 하나님의 예비하심

**서른 살의 나이에** 목사 안수를 받은 것이 나의 첫 꿈이 이루어진 것이라면, 그 다음 꿈 이야기는 신학대학원 교수의 꿈이 이루어진 일이다. 내가 처음 케냐로 갔을 때 강의하던 신학교가 당시에 현지인들과 어려운 일을 겪게 되어 문을 닫게 되었다. 나는 다른 사역지를 찾아야 할 상황이었다.

아프리카 케냐에는 신학대학원이 두 군데 있다. 한 곳은 NEGST(Nairobi Evangelical Graduate School of Theology)이고, 또 다른 한 곳은 NIST(Nairobi International School of Theology)이다. NIST 신학대학원은 미국의 C.C.C의 창시자인 빌 브라이트

(Bill Bright)가 세운 학교로 동부 아프리카에서 처음으로 석사 학위를 수여하게 된 학교이다.

우선 NIST 학교에 강의 사역을 할 수 있는 자리가 있는지 알아보러 갔다. 나는 선교지에서 틈틈이 주경야독으로 공부해서 D.Min으로 '기독상담학' 목회학 박사 학위를 받아 놓았다. 박사가 된 것도 내가 적어 놓은 꿈이 이루어진 것 중의 하나이다.

대학원에서 가르치려면 아무래도 학위가 중요했다. 이력서를 낼 때에 기독상담학으로 목회학 박사 학위를 받은 것과 약 1년 동안 NEGST 신학대학원에서 시간 강사로 '목회 상담학'을 가르친 경력, 그리고 동 대학원에서 여성들을 대상으로 '상담학'을 가르친 경력을 적어 이력서를 냈다.

그때 그 학교에서는 마침 기독상담학을 가르치던 교수가 개인 사정으로 인해 미국으로 돌아가서 급히 그 분야의 교수를 찾고 있던 중이었다.

이력서를 내고 전 교수들이 함께하는 자리에서 인터뷰를 받았다. 그러고 난 다음 금방 연락이 올 줄 알았는데 한참이나 연락이 없어서 마음에 조바심이 일었다. 그러던 어느 날 아침 묵상을 마치고 주님으로부터 음성을 듣는 시간을 가졌는데 성령님이 이렇게 말씀하셨다.

"학교에서 연락이 올 거다. 인터뷰에 합격되었다고 할 텐데 학교에 가서 담당자와 이야기할 때 무엇을 말하든지 'yes'라고 답을 하도록 해라."

그 말씀을 듣고 난 다음 아닌 게 아니라 진짜 학교와 연락이 되었다. 학교에 갔더니 부학장님이 인터뷰에 합격했다고 말했다. 그러면서 오는 학기에 가르쳐야 할 과목이 있는데 그 과목은 '현대 심리학과 기독상담학의 이론 비교학'이라고 했다. 관련 서적을 주는데 열여섯 권의 두껍고 얇은 책들이 섞여 있었다.

'현대 심리학과 기독상담학의 이론 비교학?' 웬 과목 이름이 이렇게 거창하단 말인가? 내가 심리학을 공부한 적이 언제지? 갑자기 이 과목을 가르칠 자신이 없어졌다. 그래서 나는 이론학보다는 실천학에 더 강하다고 말하고 다른 과목은 없냐고 되물었다. 부학장님은 모든 실천학은 이론학을 바탕으로 하는 게 아니겠냐며 이론학을 첫 강의 과목으로 가르치라고 하셨다.

그때 솔직한 심정으로 속으로 '안 한다고 할까?'라고 고민하고 있었다. 그런데 아침에 성령님이 주신 말씀이 기억났다. 어떤 말을 듣더라도 'yes'라고 답하라 하셨던 그 음성. 그래서 바로 알았다고 했다.

'yes'라고 말하라고 하신 성령님의 음성에 순종한 것이다. 집에 열여섯 권의 관련 서적을 갖고 오면서 한편으로 한숨이 나왔다.

'이걸 언제 읽지?'

'내가 이 책들을 이해나 할까? 관련 서적들도 충분히 이해하지 못하는데 내가 어떻게 학생들을 가르치지?'

마음이 무거웠다. 그렇게 개강 날짜는 다가오고 있었다. 그러던 중 학교 개학하기 전에 학교를 죽 둘러보다가 우연히 시청각 교육실에 들르게 되었다. 교수들의 강의를 녹화해 놓은 비디오테이프들이 눈에 띄었다. 혹시 내가 가르칠 과목을 녹화해 놓은 것이 있을까 하고 비디오테이프를 쭉 살펴봤다.

"우와!"

내가 가르칠 과목이 거기 있었다. 수년간 떨어져 있던 친구를 만난 것처럼 그렇게 반가울 수가 없었다. 나중에 알고 보니 미국으로 떠난 교수가 혹시라도 후임 교수가 정해지지 않게 될 경우를 생각해서 자신의 수업들을 녹화해 놓은 것이었다. 학생들이 교수 없이도 수업을 할 수 있도록 말이다. 그 배려에 감동하지 않을 수 없었다.

당장 그 비디오테이프들을 빌려 왔다. 근데 듣고 있다 보니 이 강의를 듣고 어떻게 노트 필기를 해야 하는지 의문이 들었다. 사실 내가 무슨 재주로 경험도 없는 이론학 과목의 노트를 만들겠는가.

그때 문득 이 과목을 이전에 수강했던 학생들이 있다는 것이 떠올랐다. 그 학생들이 적어 놓은 노트가 있을 테니 학생 명단을 좀 보려고 학적부 사무실을 찾아갔다. 그랬더니 사무실 비서가 사무실 안쪽으로 들어가서는 아주 두꺼운 노트 한 권을 갖고 나왔다. 그러면서 전에 이 과목을 가르치던 교수님이 다음에 자기 대신 오는 교수한테 주라고 했다는 것이다. 그런데 자기가 그걸 잊고 있었다면서 수업 전체를 필기해 놓은 노트를 나에게 건네주었다.

'우와! 이런 일이!'

정말 하나님이 나를 이 학교에서 강의하게 해주시려고 예비하셨다는 생각이 절로 들었다. 이런 과정이 있었기에 내 실력으로 이 학교의 교수가 되었다는 생각은 전혀 없다. 하나님이 내 꿈을 이루어 주시려고 나에게 긍휼을 베풀어 주신 것이다.

학기가 시작되었는데 재미있는 일이 생겼다. 이 학교는 대학원이어서 대학교를 마치고 직장 생활을 하거나 전문 분야에서 나름대로 경험을 얻은 사람들이 들어온다. 탄자니아, 우간다, 나이지리아, 다른 동부 아프리카에서 이곳으로 석사 학위를 받으려고 유학을 많이 오기도 한다. 그러니 학생들의 나이가 교수인 나보다 보통 더 많다. 내 나이가 그때 서른네 살이었으니 말이다.

NIST에서는 그 전에 여자 전임 교수를 뽑지 않았다고 한다. 그러니 내가 기독상담학 전임 교수가 된 그때 나는 최초의 여자 교수이자 최연소 교수였던 것이다. 내가 수첩에 '신학대학원 교수'가 되고 싶다고 내 꿈을 적어 놓은 나이가 서른네 살이었다. 정확하게 내가 수첩에 적은 나이에 신대원 교수가 되었다.

학기를 시작하는데 수업을 들으러 온 학생들 중 세 명이 대학교에서 심리학 교수를 한다고 했다. 대학교 심리학 교수가 내 학생이라니……. 한편으로는 매우 부담스러웠지만 나를 교수로 세워 주신 분이 하나님이었기에 큰 걱정은 하지 않았다.

이들은 제2의 전문 분야를 '상담'으로 하려고 '기독상담학' 전공이 있는 우리 학교에 공부하러 온 것이다. 나는 솔직히 심리학을 잘 모른다. 어휘도 왜 그렇게 어려운 것이 많은지 읽고 있으면 자꾸 잠이 온다. 기독상담학에 관한 이야기는 좀 하겠지만 현대 심리학에는 영 자신이 없었다.

그래서 수업을 하다가 잘 모르는 것이 있으면 그들의 이름을 불렀다. 그리고 어떻게 생각하느냐고 그냥 넌지시 물어봤다. 그러면 얼마나 신이 나서 설명을 잘 하는지 모른다. 설명을 마치면 나는 다른 학생들을 바라보며 다 잘 이해했냐고 물어본다. 나는 이렇게 첫 강의를 시작했다.

그런데 하나님은 참으로 배려가 깊으신 분이다. 어떤 날은 강의를 준비하면서 잘 모르는 부분이 있어 이것저것 사전을 뒤져 보며 조금 더 노력해서 준비해 갔다. 그러면 영락없이 강의 시간에 그 부분에 관한 질문을 받게 되었다. 그러면 나는 무엇이든지 아주 잘 아는 교수처럼 대답을 할 수 있었다. 물론 속으로는 식은땀이 났다. 그래도 전날 공부한 것이기에 웃음을 잃지 않고 여유롭게 답을 잘 해줄 수 있었다.

이렇게 첫 학기 강의를 실로 하나님의 은혜로 넘겼다. 그 다음 해부터는 내가 자신 있는 강의들을 맡게 되었다. '기독 상담학의 실제 방법론'이라든가 '영적 전쟁' 등. 이것들과 더불어 나를 그렇게 진땀나게 했던 과목 역시 계속 맡았는데, 당연히 처음 맡았을 때보다 훨씬 더 자신 있게 강의할 수 있었다.

이렇게 하나님은 또 나의 '꿈'을 이루어 주셨다. 학생들 중에 공부 때문에 좌절하거나 용기를 잃는 학생들이 있으면, 나는 내가 어떻게 교수가 되었는지 간증을 들려주면서 공부하는 학생들을 향하신 '하나님의 긍휼하심'을 알려 준다.

그리고 나는 '기독상담학'으로 D.min 박사 학위를 받을 때 전 과목의 평균 점수가 99.7로 '메가 캄 라우데'라고 하는 최우등상을 받고 졸업을 했다. 먼저 내가 별로 공부에 취미가 없었으며 성적도 그다지 좋지 않았다는 것을 이야기했다. 그러니 내가 주님께 영광 돌리기 위해 공부하면서부터는 주님이 도와주셨다는 것을 학생들에게 꼭 간증한다. 공부가 안 된다고 절대로 좌절하지 말아야 하며, 꿈을 꾸고 하나님께 도움을 요청하면 하나님이 반드시 도와주신다. 내가 바로 그 살아 있는 증인 아닌가.

이렇게 해서 나는 '내가 공부를 다 마치면 하나님이 저를 도와주셔서 공부했다고 간증하겠습니다.'라는 그 서원 기도를 지킬 수 있었다. 내가 서원 기도를 지킬 수 있도록 도와주신 하나님은 생각할수록 고마우신 분이다.

Chapter 03

# 내 꿈이 아닌 하나님의 꿈꾸기

**꿈이 없던 내가** 꿈을 갖게 되었고 그리고 그 꿈들은 다 이루어졌다. 마흔 살이 되고 난 다음 뒤를 돌아보니 수첩에 적어 놓은 모든 꿈들이 현실이 되어 있었다. 그렇게 이루어진 꿈들이 감사했지만 어느 날 이런 생각이 들었다.

'이것이 다인가?'

하나님은 지금까지 나의 꿈을 이루어 주셨다. 더 이상 나는 하고 싶은 것이 없는가? 아니 지금까지는 내가 하고 싶은 꿈을 이루어 주셨다면 하나님이 나에게 원하시는 것은 무엇일까? 내가 원하던 것이 하나님이 나에게 원하는 것들과 동일한 것들이었을까? 나는 나이 마흔이 넘어서야 하나님이 진정 나에게 무엇을 원하시는지 '나를 향한 하나님의 꿈'을 여쭈어 보았다. 어느 곳을 갔다가 케냐로 돌아오는 비행기 안에서 였다.

"하나님 감사합니다. 지금까지 제 삶을 돌아보니 하나님께 부탁한 꿈들을 하나님이 안 들어주신 것이 아무것도 없습니다. 정말 감사합니다. 그런데 이제야 주님께 여쭤 봅니다. 주님은 저에게 무엇을 원하시는지요? 저를 향한 주님의 '꿈'이 있으신가요? 지금까지 주님이 제 꿈을 들어 주셨으니 이제는 저를 향한 '주님의 꿈'을 들어 드리려고 합니다. 말씀하시면 제가 순종하겠습니다."

그러고는 귀를 기울였다. 성령님이 내 마음속에 어떤 말씀을 하실지 무척 궁금했다. 딱 한 마디 음성이 들려왔다.

"토크쇼를 하도록 해라!"

"토크쇼요?"

나는 방송을 잘 보지 않아 토크쇼가 무엇인지 잘 모른다. 방송을 하라는 말씀이신가? 방송 사역? 나와 정말 무관한 사역 방향인데, 토크쇼를 하라고?

어쨌든 순종하겠다는 내 기도에 주님이 그렇게 말씀하셨다. 바로 수첩을 꺼냈다. 날짜를 적었다. 마흔살이 되기 이전에 적었던 꿈 이야기들과는 다른 꿈 이야기가 펼쳐질 것이다.

> 2005년 10월 17일 월요일
> 꿈꾸는 계획
> 42세? 2006년 토크쇼 시작
> 46세? 2010년
> 51세? 2015년
> 56세? 2020년

46세부터 56세까지의 꿈을 적어 두었지만 이 책에서는 말하지 않도록 하겠다. 일단 이루어진 것만 말하고자 한다. 비행기에서 내려 케냐의 집에 도착해 남편에게 말했다. 하나님께 이러이러한 기도를 드렸더니 토크쇼를 하라고 하신다고. 남편이 말했다.

"오, 그래! 그럼 해야지! 당신 토크쇼 제목이 있어야 할 텐데 토크쇼 제목을 뭐라고 할까?"

정말 이럴 때 보면 우리 부부는 죽이 참 잘 맞는다. 그리고 며칠이 지나 남편이 말했다.

"당신 토크쇼 제목은 'All things are possible!(모든 것은 가능하다!)'가 어떨까? 세계의 영적 거장 10명을 인터뷰하는 거야. 그리고 그들이 그 자리에 이르기까지 하나님이 어떻게 역사하셨는지에 대한 이야기를 토크쇼로 진행하는 거야."

남편이 준 아이디어였다. 나는 그 아이디어가 하나님으로부터 온 아이디어라고 믿었다. 첫 번째 게스트를 누구로 할까 생각하다가 조용기 목사님께 이메일을 드렸다. 먼저 자초지종을 말씀드렸다. 하나님이 토크쇼를 하기 원하신다고 생각해서 토크쇼를 할 것이고 첫 번째 게스트로 목사님을 모시고 싶다고 말했다.

비서실에서 바로 답이 왔다. 지금은 매우 바쁘셔서 시간을 내실 수가 없다고 했다. 기도하면서 2개월을 기다렸다. 그리고 다시 한 번 메일을 드렸다. 그 메일의 내용은 대강 아래와 같다.

'목사님, 목사님은 이런 적이 있으셨는지요? 자신은 그렇게 꼭 하고 싶은 일이 아닌데 성령님이 원하시는 일, 그래서 순종하기로 한 일, 그래서 해야만 하는 일 말입니다. 이번 일이 저에게 그런 일입니다. 저는 방송인이 아닙니다. 저의 은사는 설교, 강의 그런 것입니다. 그런데 하나님이 토크쇼를 하라고 하십니다. 저는 순종하고자 합니다. 그래서 목사님께 인터뷰를 부탁드렸는데 목사님이 바쁘시다고 하니 저는 하나님께 이렇게 기도드리려고 합니다.

"하나님 저는 순종하고자 합니다. 그런데 조 목사님이 안 하시겠다고 합니다."

목사님 진실로 부탁합니다. 기도해 봐 주셨으면 합니다. 그리고 성령님의 음성에 순종해 주셨으면 합니다. 또 만약 인터뷰에 허락해 주시면 FGTV 순복음 방송국에 제가 필요한 모든 것을 전적으로 도와주라고 말씀해 주시면 감사하겠습니다.'

그 외에 다른 인사 내용이 있었지만 요약하면 위와 같은 내용이다. 물론 보내면서 목사님이 나의 마음을 이해해 주시기를 기도드렸다.

며칠이 지나 답장이 왔다. 인터뷰에 응하겠다는 날짜가 적혀 있었고, FGTV 방송국에 내가 필요한 모든 것을 전적으로 도와주라는 지시를 내리셨다고 했다.

할렐루야! 목사님을 인터뷰하기 전에 내 마음속에 이 일을 도와주었으면 하는 PD가 있었다. 그 PD는 2002년 우리 교회 선교국에서 '선교 특집'을 아프리카 편으로 찍을 때 케냐에 왔던 PD였다.

그런데 2006년에 또 아프리카 '선교 특집'을 찍을 일이 있어서 이 PD가 다시 케냐에 오게 되었다. 공항에서 그 PD를 우연히 만났는데 얼마나 반가웠는지 모른다. '모든 것은 가능하다!' 토크쇼를 이야기하면서 도움을 청하려고 했다. 그런데 그 PD가 먼저 나를 보면서 말했다.

"조용기 목사님 인터뷰 하신다면서요? 제가 그 담당 PD입니다."

우와! 이 반가운 소리! 내가 부탁하기도 전에 내 토크쇼를 담당하게 된 PD라고 하다니! 그 PD는 선교 특집을 다 찍고 난 후에 다른 모든 여정을 뒤로 하고 우리 집으로 와주었다. 내가 토크쇼를 찍을 때 내가 살고 있는 차밭을 배경으로 하고 싶다고 말했기 때문이다.

그날 아침도 여전히 새벽 4시에 일어났다. 그리고 일어나면 항상 제일 먼저 하는 묵상을 글로 적어 내려갔다. 먼저 날짜를 적는데 아니 바로 그날이 내 생일 아닌가? 내가 수첩에 적어 놓은 날짜!

42세 ? 토크쇼 시작

그러니까 내 나이 42세 되는 생일에 토크쇼를 시작하는 첫 장면을 찍게 된 것이다. 하나님의 섭리가 온몸에 느껴지는 순간이었다.

그 과정 중에 조용기 목사님이 실로 무명의 토크쇼 진행자인 나의 인터뷰 요청에 응해 주신 것은 앞으로 '하나님이 나에게 주신 꿈을 이루어 나가는 데 참으로 특별한 계기가 아닐 수 없다. 앞으로도 토크쇼를 계속 진행하게 되겠지만, 두고두고 목사님이 처음 인터뷰를 허락해 주신 은혜를 가슴 깊이 기억하게 될 것이다.

조 목사님의 인터뷰는 전부 영어로 진행했다. 그 이유는 이 토크쇼를 시청할 대상이 한국 사람들뿐만 아니라 전 세계 사람들이라고 생각했기 때문이다. 하나님은 그렇게 나를 향한 하나님의 꿈을 이뤄 가셨다.

Chapter 04

# 모든 것이 가능하다

조용기 목사님의 인터뷰를 마치고 난 다음에는 그 다음 인터뷰할 주인공으로 『긍정의 힘』의 저자로 유명한 조엘 오스틴을 생각했다. 그렇다면 조엘 오스틴을 내가 어떻게 만날 것인가? 그는 나의 '토크쇼' 인터뷰에 대해서 어떻게 반응할 것인가? 인터뷰 허락을 해줄 것인가? 그에게 연락은 어떻게 할 것인가? 사실 아무런 아이디어가 없었다.

그러나 그냥 조엘 오스틴을 다음 게스트로 정했다. 사실 남편이 조엘 오스틴을 추천해 주었다.

그 후 나는 계속해서 코스타 강사로 집을 비우는 일이 잦아졌다. 내가 해외에 나가 있을 때, 남편이 미국 할머니인 앤 위스트(Ann Weast)를 도와주었다고 한다. 도와주면서 대화하는 가운데 아내인 내 이야기를 하게 되었다. 내가 토크쇼를 하는데 조엘 오스틴을 인터뷰하고 싶어 한다고 그 할머니에게 말했다. 그랬더니 그 할머니가 남편에게 그러더란다. 조엘 오스틴이 할머니랑 개인적으로 친한 친구인데 미국에서 자기 이웃이라고.

미국에 가면 조엘 오스틴에게 당신 아내 이야기를 하겠다고 하셨다. 인터뷰를 할 수 있도록 도와주겠다고까지 했다. 진짜로 할머니는 미국으로 가서 연락을 해왔다. 조엘 오스틴이 인터뷰를 할 테니 오라고 한다는 것이다.

이런 일을 어떻게 생각하는가? 나는 이 이야기를 듣고 정말 까무러칠 정도로 놀랐다. 세상에 어쩌면 이런 일이 있을 수 있지? 남편이 우연히 만난 할머니가 조엘 오스틴하고 친구였다니!

하나님의 계획은 정말 오묘하다는 생각이 들었다. 조엘 오스틴이 오라고 한 그때에 나는 코스타 강의가 잡혀 있어 미국에 가지는 못했다. 그러다가 남편이 미국에 조엘 오스틴이 담임 목사로 있는 레이크우드(LakeWood) 교회의 목회자 컨퍼런스에 가게 되었다. 그리고 조엘 오스틴을 만나서 내 이야기를 했다. 남편은 조엘 오스틴으로부터 그의 모든 자료들을 내 토크쇼에 편집해서 써도 좋다는 허락을 받아 왔다.

그때 남편은 우릴 도와준 미국 할머니 앤 위스트를 만났는데 그 할머니 친구가 미국 케이블 Day Star TV의 매니저였다. 그래서 그 케이블 TV에 케냐에서 어떤 사역을 하고 있는지에 대해 남편과 인터뷰를 하게 되었다. 남편은 자연스럽게 그 매니저에게 내가 시작한 '모든 것은 가능하다!'라는 토크쇼 프로그램을 이야기했다.

이야기를 들은 매니저는 나의 토크쇼 프로그램을 보내 줄 수 있겠냐는 제의를 해왔고, 그 토크쇼를 자기 케이블 TV에 방영해도 되겠냐고 남편에게 물었다. 남편은 흔쾌히 승낙을 해주었다.

나는 아직까지 〈모든 것은 가능하다!〉라는 토크쇼를 정식으로 방영하지는 않았다. 그러나 일단 성령님의 음성에 순종하여 시작하였다. 하나님이 시작하신 일이라고 믿고 있다. 이 일이 어떻게 앞으로 계속 진행될지 기대가 된다.

그러던 중 2007년 11월 케냐에서 '한인세계 방송대회'가 있었다. 그 대회 행사를 마치고 나는 CTS(Christian TV System) 방송국 사장인 감경철 장로님을 만나게 되었다. 대화를 하는 가운데 장로님께서 나에게 물어보셨다.

"임 선교사님은 마음에 갖고 있는 꿈이 무엇입니까?"

나는 장로님께 웃으며 농담 반, 진담 반으로 대답했다.

"장로님, 사람들은 오고가는 대화들 가운데 꿈에 관해 물어옵니다. 그런데 저는 제 꿈 이야기를 정말로 관심 있게 알기를 원하는 사람이 아니면 굳이 말하고 싶지 않습니다."

장로님은 정색을 하시면서 정말로 알고 싶다고 말하셨다.

그래서 내가 지금까지 꾼 꿈들이 성취되어 온 것과 나를 향한 하나님의 꿈을 물었더니 토크쇼를 하라고 하셨다는 이야기를 했다. 그리고 조용기 목사님 인터뷰를 하게 된 과정과 조엘 오스틴 목사님의 이웃인 앤 위스트 할머니를 남편이 만나게 된 일들을 말씀드렸다. 그런 이야기 중에 갑자기 장로님께서 "그만!"이라고 말했다.

"이야기를 듣다 보니 '하나님의 지명하심'이 임 선교사님의 삶 가운데 있다는 것을 느끼게 됩니다. CTS하고 계약을 했으면 합니다. 하나님을 섬기는 마음으로 CTS를 섬겨 주십시오!"

'하나님을 섬기듯 CTS를 섬겨 주십시오!'라는 말이 진한 감동으로 와 닿았다. 장로님은 내가 한국에 언제 나오는지 물어보셨고, 한국에 나오게 되면 꼭 CTS를 방문해 달라고 했다.

그리하여 2008년 한국에 나갈 일이 있었을 때 CTS를 찾아갔다. 장로님은 CTS의 중역진 몇 분을 한자리에 모은 후 그분들께 나를 소개했다.

중역 중 한 분은 "사장님이 해외에 나가셔서 많은 분들을 만나고 오시지만, 돌아오신 후 한 개인에 대해 특별히 말하신 적은 없습니다. 그런데 이번에 아프리카에 다녀오신 후에는 한 달 내내 임은미 선교사님 이야기를 하셔서 정말 어떤 분인지 궁금했습니다."라고 말하기도 했다.

그 만남 이후 나는 CTS와 5년 전속 계약을 맺게 되었다. 그러고 난 다음 CTS의 여러 방송 프로그램에 출연하게 되었고, CTS는 〈임은미 선교사의 열정〉이라는 프로그램을 만들어 열두 번 연속으로 내 설교를 방영하기도 했다.

CTS의 사장님인 감경철 장로님과의 만남을 통해 하나님은 나를 방송 사역으로 인도하셨다. 이 모든 것은 내 계획도 아니었고, 내 노력도 아니었다. 정말 하나님이 거저 이뤄 주시는 일들이고, 나는 그저 순종하고 있을 뿐이다. 가끔은 그런 생각도 든다.

'내가 모든 것을 잘 해낼 수 있을 것인가?'

'하나님이 인도하시는 '방송 사역'들이 앞으로 어떻게 진행될 것인가?'

이런 기대와 걱정들도 있지만 지금도 분명한 것은 내가 순종하면 하나님이 주신 꿈은 그분이 알아서 이뤄 주신다는 것이다.

그러던 중 얼마 전에는 라디오 방송의 라이센스를 따기도 했다. 케냐의 리무르라는 지역에서 운영하는 것으로 나이로비 전역과 나이바샤라고 하는 곳까지 연결되어 그 지역의 모든 인구가 들을 수 있는 라디오 방송이다. 아직 주파수를 받지 못한 상태여서 주파수를 받을 때까지 기다리는 중인데 주파수를 받는 과정 가운데서 만나야 했던 사람들이 있다.

모든 일들의 진행을 위한 '만남들'은 남편인 빌 목사가 해주었는데, 이 과정에서 만난 담당자 한 사람이 KBC 케냐 국영 TV 방송의 이사이다. 남편은 'Love the Children'이라는 NGO를 케냐에 창설했는데, 이 NGO 사역 외에 남편의 처음 꿈이었던 '기독교 영화' 제작을 지난해에 시작해서 〈Big Dream!〉이라는 영화를 완성하였다.

그리고 지금 계속해서 다른 영화를 제작해 가고 있다. 하나님께서는 KBC TV의 이사와의 만남을 통해 남편이 제작한 영화들을 KBC TV에 방영해 주기로 했다. 그때 남편이 내 토크쇼 이야기도 잘 해주어서 토크쇼 역시 방영해 주기로 했다.

그러니까 나의 2009년 사역 중 하나는 케냐에서 〈모든 것은 가능하다!〉라는 제목으로 토크쇼를 진행하는 프로그램을 만드는 일이다.

'내가 해낼 수 있을까?'라는 물음을 던졌을 때 주님이 내 마음에 주신 말씀이 있다.

"네가 현지인 직원에게 심부름을 보낼 때가 있지? 우체국에 가서 우편물 좀 찾아오라고 할 때 말이다. 그때 넌 그 현지인에게 너의 차를 주지? 우편물 찾아오라고 돈도 주지? 그리고 차에 가스를 넣으라고 가스비도 주지? 그 사람이 자기 것 가지고 가는 것 없지? 다 네가 주는 것이지? 네가 하는 일도 마찬가지라고 생각하렴. 나는 너에게 심부름을 시키는 것이란다. 내가 너를 지명해서 이 일을 시키는 것이지, 네 것 가지고 하는 것은 없다. 다 내가 줄 거란다. 네가 무엇을 할 수 있을까 그런 생각은 하지 마라. 그런 것은 '유혹'이란다. 유혹은 물리쳐야 하지! 하지만 내가 너를 통해 무엇을 할 수 있을까 이것은 마음껏 꿈을 꾸도록 해라. 바로 그것이 '능력'이거든. 능력은 키워야 하지. 자, 이래도 하지 않겠니? 지명하여 심부름을 시키는 것이라는데도 하지 않겠니?"

지명하여 심부름을 시키시는 것이라. 주님 것을 다 내게 주시겠다고 말씀하셨다. 이런데도 내가 하지 않겠다고 한다면 그거 바보 아닌가? 그때 얼른 주님께 내가 하겠다고 했다. 다른 사람 시키지 마시라고. 내 능력을 묻지 않으신다면 내가 하겠다고. 마음이 의기소침해지거나 자신이 없어진다고 생각되면, 나는 심부름을 하고 있다고 생각하면 마음이 이내 편해진다. 내가 좋아하는 복음성가 중 'It is not about me, it is about Him!(나에 대한 것이 아니다, 하나님 그분에 대한 것이다!)' 라는 가사가 있다.

그렇다. 나에 대한 것이 아니다. 내 꿈이 아니다. 하나님에 대한 것이고 하나님의 꿈 이야기이다. 그저 나에게 맡겨 주신 것이 감사요, 감격이요, 기쁨인 것이다.

"내게 능력 주시는 자 안에서 내가 모든 것을 할 수 있느니라(빌립보서 4:13)."

Chapter 05

# 하나님이 찾으시는 '한 사람'

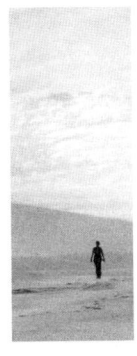

하루는 차밭을 거닐면서 주님께 이런 기도를 드렸다.

"조국의 청년들을 제게 보내 주시면 제가 주님께 세계를 드리겠나이다!"

청년들은 내 마음을 설레게 한다. 나는 나이가 이제 마흔하고도 여섯이다. 청년의 나이가 아니다. 그럼에도 불구하고 청년들이 참으로 좋다. 아프리카 선교사로 나오기 전에 중·고등부 학생들 사역도 하고 대학생 사역도 하였다. 아프리카에 와서는 청소년 사역을 하지 않고 목회자 훈련 중심의 사역을 했다. 그러나 내 마음 깊은 곳에는 항상 청년들을 향한 열정이 있다. 식지 않는 청년들을 향한 열정! '새벽이슬 같은 청년들'이란 말은 언제 어디서 들어도 내 마음을 기쁘게 한다. 그냥 말 그 자체로 감동이지 않는가?

"조국의 청년들을 제게 보내 주시면 제가 주님께 세계를 드리겠나이다!"

이 기도를 드린 후, 이탈리아 코스타에서 강사로 초청하는 메일이 왔다. 코스타(Kosta)? 그때 코스타 강사로 가고 싶다고 언젠가 기도했던 기억이 났다. 코스타는 'Korean Students All Nations'의 약자로 국제복음주의 학생운동을 의미한다. 1986년 미국 워싱턴 근교에서 시작된 해외 유학생 수련회인데, 지금은 세계의 많은 나라에 한국 유학생들이 가 있는 곳이라면 코스타 수양회가 있다. 코스타의 강사가 된다는 것은 세계에 흩어져 있는 조국 청년들을 만난다는 것이다. 이들에게 하나님의 말씀으로 영향을 미치게 된다면 이들이 바로 세계를 주님께 드릴 주인공들이 된다.

꼭 해외에 유학생으로 나가 있는 조국의 청년들만 하나님이 세계를 복음화 하는 데 사용하시는 것은 아니라고 생각한다. 그러나 일단 세계 각국에 나가 있는 조국의 청년들이므로 이들을 만날 기회가 되는 자리가 코스타의 강사인 것은 확실한 것 아니겠는가.

2006년 2월 이탈리아 코스타에 처음 나감으로써 나는 정식으로 코스타 강사가 되었다. 그 후 1년에 약 평균 여섯 번은 코스타 강사로 나가고 있다. 코스타는 자비량이므로 하나님께 비행기 표 값을 여쭈어 보았다.

"주님! 코스타 강사가 되게 해주셔서 감사합니다. 그런데 코스타에 다니려면 자비량으로 비행기 표 값을 내야 하니 불러 주신 주님이 비행기 표 값도 내주셔야 할 것 같습니다. 이렇게 저렇게 다닐 곳을 짚어 보니 비행기 표 값으로 만 달러가 필요합니다. 부탁드립니다!"

그렇게 기도하고 하루가 지났다. 조용기 목사님 비서실에서 메일이 왔다. 어떤 분이 조 목사님께 기도를 받으러 와서는 임은미 선교사에게 지정 헌금으로 보내달라고 했단다. 그분이 두고 간 천만 원을 내 계좌로 보낼 테니 계좌번호를 알려 달라는 것이었다. 천만 원이면 그때 미화로 만 달러였다.

'어? 어제 기도했는데 하루 만에 기도 응답이 오다니!'

헌금을 내신 분이 누군가 알아보았다. 어느 권사님이셨다. 내가 직접 연락할 수 없어 다른 사람을 통해 그분께 여쭤 봐 달라고 했다. 코스타에 가는 데 필요한 비행기 표 값을 주님께 부탁드린 다음날 똑같은 액수가 지정 헌금으로 왔으니, 이 돈을 코스타에 다니는 경비로 써도 되겠느냐고. 이것도 선교 헌금이라고 생각하시면 좋겠다고 했더니 그렇게 하라고 허락이 왔다. 그래서 나는 그 돈으로 마음 놓고 코스타에 설교하러 다닐 수 있게 되었다. 그리고 그 돈이 다 떨어질 만하니까 그때는 기도도 특별히 안 했는데 어느 분이 7천 달러를 보내 오셨다. 나더러 내가 쓰고자 하는 용도로 알아서 쓰라고 하시면서 말이다. 나를 믿고 내 마음대로 필요한 곳에 쓰라고 하는 헌금! 코스타에 다니는 경비가 필요하다고 했더니 마음 놓고 그렇게 하라는 말씀이었다.

그렇게 코스타 강사가 된 덕분에 세계를 두루 다니게 되었다. 신학교에 가기 전에 내 꿈이 무엇이었던가?

'세계에 복음을 전하러 다니는 여자 목사!'

그 꿈이 이루어졌는지 되돌아보았다. 지금까지 다닌 곳은 약 28곳 정도 된다. 앞으로 내가 얼마만큼 이 땅에서 살게 될지는 모르겠지만 지금보다 더 많이 세계를 다니게 될 것이다. 그냥 세계를 다 다녀 보는 것이 내 삶의 목적일 리는 없다. 세계를 다 돌아다녀 보았다고 이력서에 쓸 일도 내게는 없다.

그러나 하나님이 나에게 주신 꿈이 있고, 내가 주님께 드리고 싶은 꿈의 열매들이 있다. 그것은 '복음 전파'이다. 그것이 조국의 젊은이들을 통한 것이든, 아프리카의 현지인들을 통한 것이든, 선포하는 설교 말씀을 통하는 것이든, 방송 사역을 통한 것이든 하여튼 전해져야 하는 것은 '예수 그리스도' 나의 살아 계신 주님인 것이다.

나는 예수님을 사랑한다. 그리고 예수님이 찾는 '한 사람'이 얼마나 소중한가를 날이 갈수록 더욱 배워 가고 있다. 그 '한 사람'을 위하여 예수님은 하나님이시지만 사람의 옷을 입고 이 땅에 내려와 주셨고, 모든 인류의 죄를 사하여 주시기 위해 십자가에 달려 돌아가셨다.

나를 위한 죽음이고 '그 사람'을 위한 죽음인 것이다. 그리고 예수 그리스도는 부활하셨다. 나를 위한 부활이요 또한 '그 사람'을 위한 부활인 것이다. 나에게 삶의 목적을 주셨고 그리고 꿈을 주셨다. 그리고 또한 '그 사람'에게도 삶의 목적을 주실 것이고 이루어 나갈 하나님의 꿈을 주실 것이다. 그래서 이 책 또한 예수님을 개인적으로 만나지 못한 어떤 '한 사람'을 위한 또 하나의 하나님의 '마음 문 두드리는 소리'라고 믿는다.

"볼지어다, 내가 문 밖에 서서 두드리노니, 누구든지 내 음성을 듣고 문을 열면, 내가 그에게로 들어가 그와 더불어 먹고, 그는 나로 더불어 먹으리라(요한계시록 3:20)."

한번은 세상에 너무나 많은 책이 나와 있는데, 나는 왜 또 하나의 책을 쓰는 사람이 되었는가? 주님께 여쭈었다.

"주님 제가 꼭 책을 써야 할 이유가 있을까요? 제 삶의 이야기는 평범한 한 사람의 이야기입니다. 다른 모든 사람들이 갖고 있는 삶의 이야기 중 하나입니다. 근데 굳이 제가 글을 써서 책으로 만들어야 할 이유가 있을까요?"

주님이 내 마음에 이렇게 말씀하셨다.

"많은 사람들을 위해 너더러 책을 쓰라고 하는 것은 아니다. 나는 '한 사람'을 찾고 있단다. 그 '한 사람'이 내가 너에게 쓰라고 한 책을 읽으면 된단다. 내가 찾는 '한 사람'이 있어 너를 통해 내가 이 글을 쓰는 것이란다. 내가 찾는 그 '한 사람'! 영생이 없던 그 '한 사람'이 나를 만나게 되면 영원히 죽지 않는 생명을 얻게 될 것이고, 좌절과 실망에 빠진 '한 사람'이 나를 만나게 되면 용기와 소망을 얻게 될 것이다. 그리고 의심과 혼동 가운데 삶의 방향을 잃어버린 '한 사람'이 나를 만나게 되면 신뢰와 자유함을 깨달아 알게 될 것이다. 꿈이 없는 그 '한 사람'이 나를 만나게 되면 마음에 꺾이지 않는 나를 위한 꿈을 품게 될 것이란다. 나는 그 '한 사람'을 찾고 있단다."

하나님의 이 말씀이 내 마음에 깊이 다가왔다. 내 삶은 이제부터 주님이 찾으시는 '한 사람, 한 사람'을 위한 것이 되어야 할 것이다. 내 꿈이 이루어지는 것보다 내가 세계를 돌아다니며 설교하는 것보다 더 중요한 것이 바로 하나님이 찾으시는 그 한 사람을 주님께로 인도하는 것이라는 것을 깨달았다.

내 삶과 사역 가운데서 수많은 사람들을 만나고, 많은 사람들이 나의 설교나 묵상을 통해 은혜를 받았다고 말한다. 나는 그들 중에 분명 하나님이 위로하시기 원하는 한 사람, 하나님이 구원하시기 원하는 한 사람, 주님의 종으로 부르고자 한 한 사람이 있다고 믿는다. 그래서 그들에게 그 말을 들을 때마다 하나님이 기뻐하실 거라 의심치 않는다.

우리의 모든 만남은 하나님이 허락하신 최고의 만남임을 믿고 귀한 만남을 통해 그분의 일을 이루어 가실 주님을 신뢰한다.

"하나님이 찾고 있는 '한 사람' 그대입니까?"

 ## 최고의 날 묵상

**2009. 2. 1. 주일**〈이사야 8:1〉

"여호와께서 내게 이르시되 너는 큰 서판을 가지고 그 위에 통용 문자로 마헬살랄하스바스라 쓰라."

어제 모스크바에서 돌아왔다. 눈이 온통 쌓인 모스크바는 정말 예뻤다. 새벽기도에 가는 시간에는 하늘에서 펑펑 함박눈이 쏟아졌는데 우와! 정말 함박눈이었다! 눈송이가 이렇게 클 수 있다니!

예쁜 나라를 다녀오게 해주시고 내가 좋아하는 눈을 매일같이 보게 해주셔서 감사! 감사! 날씨도 코스타 기간에는 그렇게 추운 날씨가 아니었다고 한다. 그것도 감사! 우리가 떠나올 때 곧 영하 25도로 떨어진다는 이야기를 들었다. 한국에 오니 오히려 날씨가 따스했다. 그것도 감사! 기도해 주신 모든 분들께 감사드린다. 기도해 준 그대 모두, 코스타 강사!

오늘 본문 말씀은 꼭 어떠한 삶의 태도에 대한 적용이라서 마음에 와 닿았다기보다는 실제로 나에게 생긴 일이기 때문에 이 구절이 저절로 마음에 와 닿았다. 하나님이 이사야 선지자에게 어떤 것을 쓰라고 명령하는 것을 이사야가 듣고 그대로 순종을 하는 내용이다. 물론 순종하여 그대로 쓴 이야기는 나중에 실제로 일어나게 된다.

이번에 모스크바에 가는 비행기 안에서 있었던 일이다. 나는 묵상을 할 때 컴퓨터로 하지만 여행을 떠날 때는 묵상 공책을 가지고 떠난다. 인터넷을 사용할 수 없는 경우가 있어서 묵상을 공책에 적는 것이다. 그렇게 공책에 묵상을 적을 때에는 주님이 내게 하시는 말씀들을 길게 적는 편이다.

주님은 항상 이야기를 하신다. 내가 시간이 없어 다 받아 적지 못하는 것이지 주님이 이야기를 하지 않는다고 생각한 적은 없다. 듣고자 하면 주님은 항상 우리 모두에게 이야기를 하신다고 믿는다. 그런데 어떤 때는 내가 듣고자 귀를 기울인다기보다는 주님이 툭툭 건드리면서 먼저 이야기를 건네 오실 때도 있다.

그럴 때 주님의 대화법 중 하나는 "은미야, 수첩을 꺼내서 받아 적어라!" 이렇게 말씀하신다. 그 음성은 공중에서 들리는 음성이 아니고 표현 그대로 주님이 툭툭 내 마음을 치시는 것이다. 그러면 얼른 주님이 하시는 말씀을 받아 적어야 할 것 같은 마음이 생긴다. 모스크바로 가는 비행기 안에서도 그런 일이 있었다. 비행기가 이륙한 지 얼마 안 되어서 주님이 내 마음을 툭툭 치셨다.

"은미야, 수첩을 꺼내라. 할 말이 있단다."

주님이 그렇게 말씀하실 때면 조금 이야기가 길어지기도 한다. 근데 그때 내 묵상 공책이 carry on 가방 안에 있었기 때문에 조금은 망설여졌다. 어휴, 사람들 있는데서 일어나 carry on 가방에서 공책 꺼내기 싫은데. 그래도 주님은 계속 강하게 말씀하셨다.

"수첩 꺼내서 적으라니깐."

음…….

그래서 가방을 뒤졌다. 내 스케줄 적는 다이어리 같은 얇은 하늘색 수첩이 있었다. 주님으로부터 말씀을 자주 적은 수첩은 아니지만 그래도 비행기 안에서 주님이 하시는 말씀이 있을 때는 종종 쓴다. 수첩에 먼저 날짜를 적었다. 그러고는 주님이 하시는 말씀을 써 내려 갔다.

첫 번째 페이지를 마칠 즈음 주님이 하신 말씀은 조금 뜬금없는 것 같았다. 그래도 마음에 들려오는 생각들이어서 항상 하는 나의 버릇처럼 그냥 적어 내려갔다.

때로는 내 생각에는 얼토당토않은 말씀같이 들려도 주님이 하시는 말씀이다 싶으면 내 상식을 접고 그냥 적어 내려간다. 물론 그때 적은 말씀들은 많은 사람들에게 말하지 않는다. 딱 한두 사람에게 말을 할 때는 있다. 그러나 그 일이 현실이 되고 난 다음에는 많은 사람들에게 말을 한다. 그때는 간증이 되니까.

하여튼 그때 받아 적은 말을 부분적으로 그대로 옮겨 본다.

"너는 방송 사역을 곧 하게 된다. 그러나 케냐가 아니다. 너는 무엇을 하더라도 '큰 열매'를 맺는 사역을 하게 된다. 은미야, 방송 사역을 하는 것이 내 뜻인 것을 잊지 마라. 꼭 해야 한다. 내가 모든 청중들의 마음이 100% 너를 향하도록 도와줄 것이다. 너는 토크쇼를 그냥 시작하기만 하면 된다. 사람들을 살려야 한다. 너는 그 일을 능히 해낼 수 있다. 그렇게 내가 너를 훈련시킨 것 아니겠니! 너는 내가 맡긴 모든 일들을 해낼 수 있단다."

위의 말씀은 내가 들은 부분적인 말씀이다. 물론 그 뒤로 주님은 많은 말씀을 하셨지만 나누어서 남들에게 덕이 될 말이 있고 그렇지 않은 말들이 있음을 알고 있기에 윗부분에서 내가 들은 말씀을 나누기를 멈추도록 한다.

이렇게 받아 적고 난 다음에 고개를 갸우뚱했다.

방송 사역? 케냐에서는 곧 할 토크쇼가 있지만 케냐가 아니라고? 케냐가 아닌 곳에서 방송사역할 곳이 없는데? 미국에서 할 건가? 미국은 아직 내가 방송 사역을 어떻게 해야 할지 아이디어가 없는 곳인데? 일단 케냐는 가능한 곳인데 왜 케냐가 아니라고 그러시지? 조금은 갸우뚱거릴 만한 말씀이었으나 그냥 적어만 두었다.

그러고는 모스크바에 도착했다. 코스타 시작하기 하루 전에 도착한 것이다. 아침이 되어서 식사를 하러 식당에 올라갔는데 내 옆에 앉게 된 분이 이번 코스타에서 밤 예배 설교를 담당하신 김병삼 목사님이셨다. 분당 만나교회 담임 목사님이었다. 분당 만나교회는 내가 이전에 설교하러 간 적이 있는 곳이다. 그때는 김우영 목사님이 담임 목사님이셨는데 이분은 그분의 아들로, 새로운 담임 목사님이셨던 것이다.

인사를 나누고 함께 식사하는데, CTS에서 모스크바로 특별 촬영을 나왔다고 한다. 김병삼 목사님이 진행하는 〈하나님을 미소 짓게 하는 사람들〉이라는 프로그램을 이번에 모스크바에서 만난 사람들, 그리고 코스타 집회, 러시아의 선교사님들, 이런 식으로 진행한다는 것이다.

근데 김병삼 목사님하고 함께 진행하는 분이 개인 사정 때문에 함께 못 오셨다고 한다. 그러면서 김병삼 목사님께서 그야말로 뜬금없이 나더러 그분 대신에 MC를 같이 해 달라고 말씀하시는 것 아닌가? 난 그때 정말 큭큭 웃음이 나왔다.

MC? 내가? 어머머 바로 이게 주님이 나에게 비행기 안에서 하신 그 말씀인가?

"네가 방송 사역을 곧 하게 된다. 그러나 케냐가 아니다!"

바로 그 말씀?

목사님께 내가 비행기 안에서 받아 적은 말씀을 이야기했더니 바로 옆에 앉아 있던 CTS PD님이 놀라워했다. 덧붙여서 나도 이전에 CTS 프로그램에 출연 손님으로 나간 것과 〈임은미 선교사의 열정〉이라는 프로그램으로 CTS에 내 설교가 12편 나간 것을 이야기했다. 이 이야기를 들은 김병삼 목사님은 4월에 패널 디스커션이라는 중요한 프로그램 행사가 있는데 그때 함께 MC를 하자고 그러신다. 안 그래도 인재 발탁하는 게 힘든 상황인데 잘 되었다고 하시면서 그때 해야 할 프로그램도 좀 이야기하자고 그러신다.

나는 그날 아침 식사를 하자마자 곧바로 김병삼 목사님과 함께 눈이 펄펄 내리는 모스크바의 하얗게 눈 덮인 오솔길에서 〈하나님을 미소 짓게 하는 사람들〉 녹화에 들어가게 되었다.

수첩에 적었던 그 말씀을 숙소로 돌아가자마자 다시 읽어 보았다. 우와! 그때는 뜬금없는 것 같았는데, 적어 놓은 말씀들이 바로 이런 일을 미리 말씀해 주신 것인가? 이번에야말로 토크쇼를 진행하게 된 것이니까 주님 말씀하신 그대로 아닌가?

다시 그 부분을 읽어 보았다.

"너는 토크쇼를 그냥 시작하기만 하면 된다. 내가 모든 청중들의 마음이 100% 너를 향하도록 도와줄 것이다."

방송 들어가기 전 김병삼 목사님에게 그 수첩을 보여 드렸더니 김 목사님이 녹화를 시작하자마자 그 수첩 좀 보자고 하신다. 보여 드렸더니 목사님이 PD를 부르신다. 녹화 들어가는 첫 부분을 임 선교사 수첩에 쓰인 글 그대로 시청자들에게 보여 주면서 시작하자고 그러신다.

그 방송은 내가 주님으로부터 받아서 적어 놓은 수첩의 글을 그대로 보여 주면서 시작된다.

으~ 이럴 줄 알았으면 글씨를 좀 더 예쁘게 써 놓을 것을…….

하여튼 이렇게 해서 나는 MC로 데뷔했다. 땜빵으로 우연히^^ 울 주님 너무 재미있으신 분이다. 언제인가 MC가 되리라는 생각은 했지만 이렇게 모스크바에 코스타 강사로 와서 MC 데뷔를 할 줄이야!

하여튼 하나님이 나에게 방송 사역을 시키는 것은 매우 당연한 일이 된 것 같다. 오늘 묵상 말씀에 주님이 이사야 선지자에게 '통용 문자로 쓰라'고 했는데 그 말씀에 마음이 머물렀다. 그 이유는 아마도 주님은 이사야 선지자뿐만 아니라 모든 주님의 백성들에게는 하나님의 인도하심과 말씀하심이 있다는 것이 믿게 하시기 위함이리라.

나는 우리가 하나님의 말씀을 듣고 순종하고자 다짐하면 하나님은 더 자세하고 더 세밀하게 주님의 음성을 시시때때로 들려주신다고 믿는다. 나는 이렇게 주님의 음성이 내 마음에 들려오는 것들을 글로 적어 놓은 것이 참으로 많다.

이번에 한국에 올 때도 마찬가지였다. 6개월 전부터 간간히 받아 놓은 말씀이었다.

"한국에서 너에게 '담임 목회'하라고 초청이 올 것이다. 그냥 가도록 해라. 아무것도 염려하지 말고 그냥 가도록 해라. 내가 뒷일을 감당하여 주리라. 그 일은 내년 초가 될 것이다."

내가 전화를 받은 날이 1월 2일이었다. 연초였던 것이다. 그래서 내가 받아 적어 놓았던 말씀들을 다시 읽어 보았다.

글을 받아서 적을 때는 황당하다 싶은 것들도 있지만 그래도 일단 적어 놓는다. 그리고 사실 그런 말씀들은 죄와는 상관없는 말씀들이다. 내가 한국에 가든, 케냐에 있든 어느 곳에 있어도 나는 하나님의 일을 하고 있을 것이다. 그러니 그런 말씀을 받아 적었는데 설사 그렇게 일이 진행이 안 된다고 한들 사실 그렇게 혼란스럽지는 않다. 내 삶은 어차피 주님 손에 올려진 것이요 나는 주님을 위해 평생을 살 사람이니까 그 일이 어떠한 인도함이라 하더라도 나에게는 커다란 갈등이 없다.

떠나라 하면 떠나고, 멈추라고 하면 멈추고, 하라면 하고, 하지 말라 하면 안 하고. 그야말로 속 편한 삶이 주님의 인도에 따라 살겠다고 작정한 삶이 아니겠는가? 그래서 나는 참 속 편하게 사는 편이다.

그래서 울 남편이 나를 칭찬하여 말하기를 때로는 머리 없이 사는 사람 같다고. 호호호. 일반 상식을 접고 사는 사람 같아서 자기 아내는 '세상이 감당치 못할 여인'이라고 칭찬해 주는 남편!

나는 죄 짓는 것이 겁난다. 그것 빼놓고는 겁내는 것이 없다. 능력이 없는 것은 두려워하거나 주저하거나 쩔쩔매지는 않는다. 능력은 주님이 주시는 것이니까. 주님이 뜻하시면 돌도 일어나서 설교를 하게 되어 있는 거니까. 그런 것은 어려운 일들이 아니다.

그러나 내가 죄를 지으면? 그것은 겁난다. 죄를 안 짓고 사는 사람이 있겠는가마는 내가 말하는 것은 고범죄 내지는 중독되어 있는 죄성들을 말한다. 나는 죄가 달콤하다는 그 자체가 싫다. 요즘은 정말 주님의 크신 은혜로 달콤하게 여겨지는 죄들도 없다.

이상한 생각이 들라치면 얼른 '대적기도' 한다. 마음으로 생각으로 원수가 침략하지 못하도록 그렇게 늘 깨어서 기도하고 무시로 성령 안에서 깨어 있기를 사모한다. 사역 이외에는 별 다른 생각들이 없다. 참 은혜이죠, 주님?

어제도 집에 도착하자마자 오늘 있을 주일예배 설교 준비, 나누어줄 '묵상의 방법'을 프린트하면서 일일이 기도했다. 성도들 한 사람 한 사람이 이 '묵상의 방법' 내용을 받고 매일 큐티를 잘하게 해 달라고. 그러면서 아마 두 시간이 넘게 준비를 했던 것 같다.

러시아에서 코스타를 마치고 돌아오자마자 곧바로 교회 사역에 몰두할 수 있는 시간들이 내겐 감사하다. 쓸데없는 생각 안 하고, 쓸데없는 장소에 가지 않고, 쓸데없는 말들 듣지 않고. 목자로서 나에게 맡겨진 '양떼' 잘 돌보기를 간절하고 온전한 마음으로 사모하고 그대로 실천할 수 있는 것이 다 하나님의 은혜가 아니겠는가?

한국에서 단기간 목회하면서 '목자의 마음'을 배워 가고 있는 것이 나에게는 감사한 일이다. 오늘도 새벽 일찍 일어나면서 주님께서 하시고 싶으신 말씀이 있다고 하셔서 또 공책을 꺼냈다. 이번에는 수첩이 아니고 큰 공책!

주님이 마음 놓고 말씀을 길게 하시라고. 호호호.

주님은 말씀하시고 우리는 적고. 이렇게 주님과 우리 모두가 친밀한 관계를 이어 나간다면 우리의 마음은 항상 주님이 거하시는 '천국' 이라고 생각한다.

주님 오늘도 최고의 날입니다! 러시아에서 코스타를 잘 마치고 돌아오게 해주셔서 감사합니다.

오늘은 주일! '영적 성장이 더딘 이유와 그 해결 방안은 무엇인가?'에 대한 설교를 하려고 합니다. 설교 시간에 교인들 중 영적 성장의 더딤을 인지하는 사람들이 있다면 모두들 다 새로운 마음을 갖게 해주시고, 모두 영적 성장을 간절한 마음으로 추구하는 시간 되게 해주시고, 마음이 아팠던 모든 분들이 오늘 치유함을 입어서 건강하게 성장하는 조건들을 구비할 수 있게 하여 주옵소서!

성도들이 속속 들이 문자 메시지 보내주면서 '목사님 빨리 돌아오세요! 보고 싶어요!'라며 칭얼거리게 해주셔서 감사합니다. 주일을 기다리고 사모한다고 문자 메시지들을 보내게 해주셔서 감사합니다. 목자로서 맡겨진 양떼들로부터 이렇게 100% 사랑 받게 해주시는 것도 주님의 크신 은혜입니다. 이 모든 것이 절대적인 하나님의 은혜인 것을 한시도 잊지 않게 하여 주옵소서!

오늘은 아침 8시 교역자 기도회에 예배팀은 다 오라고 했고, 주일 학교 교사들도 다 오라고 일부러 문자 메시지를 보냈습니다. 오늘 기도회에 참석하는 사람들은 내가 다 아침 식사 대접을 한다고 했지요. 제 주머니가 다 털려도 좋으니 주일 사역하는 모든 사역자들이 기도로 주님 앞에 준비되어 예배할 수 있도록 주님이 도와주옵소서!

주님이 온전히 기뻐하시는 주일 예배가 되기를 기도합니다. 예배를 마친 후에 '아트트리' 성경공부에도 함께 하여 주시고, 전 청년부에게 '큐티하는 방법'을 따로 가르쳐야 하니 그 시간도 주님이 함께 하여 주셔서, 전 청년부 학생들이 매일같이 주님의 음성을 잘 듣고 주님 안에서 '개인적으로 성숙한 영성훈련'을 해나가도록 도와주옵소서!

참, 주님! 내일부터 전 교인들의 '특별새벽기도회'가 토요일까지 6일간 있습니다. 전 성도가 모두 새벽기도에 참석하게 해주옵소서. 우와! 환상 같은 '새벽기도회'가 되게 해주옵소서! 내 삶의 모든 것이 주님의 도움을 필요로 합니다. 주여 도우소서! 주님 감사하고 또 감사한 하루를 시작합니다. 한국 날씨가 많이 풀려서 그것도 감사합니다. 주님 사랑해요.

(위의 묵상은 한국의 21C 푸른나무교회에서 2009년 1월부터 4월까지
담임 목사 사역을 할 당시에 쓰인 것임을 알립니다.)

## 하나님이 찾으시는 한 사람 그대입니까?

초판 1쇄 발행　2009년 6월 1일
60쇄 발행　2024년 7월 1일

| | |
|---|---|
| 지은이 | 임은미 |
| 발행인 | 이영훈 |
| 편집장 | 이봉연 |
| 기획·편집 | 최진영 |
| 기획·편집 | 이영란, 서지웅 |
| 디자인 | 페이퍼마임 |

| | |
|---|---|
| 펴낸곳 | 교회성장연구소 |
| 등　록 | 제 12-177호 |
| 주　소 | 서울특별시 영등포구 은행로 59, 4층 |
| 전　화 | 02-2036-7936 |
| 팩　스 | 02-2036-7910 |
| 홈페이지 | www.pastor21.net |

ISBN │ 978-89-8304-140-1 03230

*값은 뒤표지에 있습니다.
*잘못된 책은 구입하신 서점에서 교환해드립니다.
*이 책 내용의 일부를 사용하려면 반드시 저작권자와 교회성장연구소 양측의 서면동의를 받아야 합니다.

**"무슨 일을 하든지 마음을 다하여 주께 하듯 하라"**(골 3:23)
교회성장연구소는 한국 모든 교회가 건강한 교회성장을 이루어 하나님 나라에 영광을 돌리는 일꾼으로 성장하는 것을 목표로, 목회자의 사역은 물론 성도들의 영적 성장을 도울 수 있는 필독서들을 출간하고 있다. 주를 섬기는 사명감을 바탕으로 모든 사역의 시작과 끝을 기도로 임하며 사람 중심이 아닌 하나님 중심으로 경영한다. "무슨 일을 하든지 마음을 다하여 주께 하듯 하라"는 말씀을 늘 마음에 새겨 하나님께서 주신 사명을 기쁨으로 감당한다.